AF359264

ÉTUDE HISTORIQUE

ET PALÉOGRAPHIQUE

SUR LE

ROULEAU MORTUAIRE

DE

GUILLAUME DES BARRES

COMTE DE ROCHEFORT

GRAND SÉNÉCHAL DU ROI PHILIPPE-AUGUSTE

DÉCÉDÉ AU COUVENT DE FONTAINE-LES-NONAINS (PRÈS MEAUX)

LE XXII MARS MCCXXXIII

ACCOMPAGNÉE D'UNE PLANCHE CHROMOLITHOGRAPHIÉE D'APRÈS LE MONUMENT ORIGINAL
ET DE TROIS DESSINS SUR BOIS

PAR

EUGÈNE GRÉSY

Membre résidant de la Société impériale des Antiquaires de France, correspondant du Ministère de l'instruction publique
pour les travaux historiques, Président de la Société d'Archéologie de Seine-et-Marne (section de Melun).

A MEAUX

CHEZ A. LE BLONDEL, ÉDITEUR

LIBRAIRE DE LA SOCIÉTÉ D'ARCHÉOLOGIE DE SEINE-ET-MARNE

PARIS

CHEZ AUGUSTE AUBRY

L'UN DES LIBRAIRES DE LA SOCIÉTÉ DES BIBLIOPHILES FRANÇAIS
RUE DAUPHINE, 16

MDCCCLXV

ROULEAU MORTUAIRE

GUILLAUME DES BARRES, COMTE DE ROCHEFORT

DÉCÉDÉ AU COUVENT DE FONTAINE-LES-NONAINS (PRÈS MEAUX)

LE 22 MARS 1233

En 1850, lorsque je publiai ma notice généalogique sur l'illustre maison des des Barres, à l'occasion de la découverte d'une de leurs sépultures dans le chœur de l'église d'Oissery, j'avais déjà fait mention du curieux monument qui va être l'objet de cette étude, j'en signalais l'existence dans la collection de feu M. Dassy ; mais, malgré le gracieux accueil dont m'honora la famille, malgré mon extrême désir de compléter la nécrologie de Guillaume des Barres par une description de l'encyclique plus détaillée que celle donnée par Du Plessis dans son histoire de Meaux, il fut impossible de me donner communication de ce précieux document ; il avait roulé derrière les rayons d'une bibliothèque, et y resta égaré pendant plusieurs années. Grâce à l'inépuisable obligeance de Mme Dassy, à laquelle nous nous plaisons à adresser aujourd'hui nos respectueux remercîments, nous n'avons qu'à nous applaudir de ce contre-temps : il nous permet de donner tout le développement nécessaire à notre sujet, et le monument est d'une telle importance en paléographie, qu'il méritait les honneurs d'une publication à part. Avant d'en faire la description, il est indispensable de donner quelques notions préliminaires sur ce genre de manuscrit, que les Bénédictins du XVIIIe siècle n'avaient pas assez positivement spécifié dans leurs recherches diplomatiques. M. Léopold Delisle, de l'Académie des Inscriptions et Belles-Lettres, l'un de nos plus savants paléographes, est le premier qui en ait fait une étude toute spéciale dans le tome III de la *Bibliothèque de l'École des Chartes*, et en ce moment il en prépare un travail encore plus complet pour les *Mémoires de la Société de l'histoire de France*. Nous ne pouvons donc mieux faire que de recourir à sa parfaite érudition.

Suivant Mabillon, on ne distinguait que deux sortes de rouleaux, les annuels et les perpétuels. Les rouleaux annuels contenaient le recensement de toutes les personnes religieuses d'un couvent qui étaient mortes dans l'année ; un envoyé les communiquait aux autres abbayes avec lesquelles on était en association de prières, en implorant leurs suffrages et l'inscription des défunts à leur nécrologe. L'usage de faire circuler au dehors les rouleaux annuels se pratiquait déjà au VIIIe siècle.

Les rouleaux perpétuels, qui pouvaient en effet durer à l'infini en y ajoutant de nouvelles feuilles de parchemin, étaient destinés à rester dans les abbayes ; on y consignait les actes des morts, ce qu'il y avait eu d'édifiant dans leur vie ; ils étaient suspendus dans une des salles publiques du couvent, pour qu'on pût les dérouler facilement et les consulter. Mabillon en mentionne deux de ce genre qui étaient conservés dans le chapitre de l'abbaye de Chelles, où de temps à autre on s'assemblait pour en faire la lecture. Mais Mabillon a oublié de parler des rouleaux individuels, dont on ne faisait les frais que pour des personnages de haute distinction, pour des fondateurs qui avaient été associés à la fraternité des prières; par conséquent il fallait que de leur vivant ils eussent embrassé l'état religieux, et c'est probablement afin d'obtenir cette pieuse faveur que Guillaume des Barres, à l'exemple de bien d'autres seigneurs, avait pris l'habit de l'ordre de Fontevraud avant de mourir. Nous rappelons, en outre, que dans le prieuré de Fontaines, Alipe, sœur du brave chevalier, et Amée, sa fille, étaient alors sœurs professes; il avait comblé leur couvent de ses libéralités, il était donc bien naturel que la tendresse de ces saintes filles se chargeât de le soigner dans ses vieux jours. Dom T. Du Plessis nous apprend qu'en 1212 la prieure de Fontaines était une Mathilde des Barres, mais je n'ai jamais pu retrouver à quel degré elle était parente avec notre héros.

Aussitôt après la mort du personnage auquel on décernait les honneurs du rouleau, on composait son oraison funèbre pour la transcrire en tête du parchemin, qu'on désignait aussi sous les noms de lettres gestatoires, lettres courantes ou bréviaire. L'encyclique proprement dite était ce discours destiné à être lu dans chaque église; il s'adressait à l'universalité des fidèles. L'exorde débutait par quelques lieux communs sur la chute de nos premiers parents, sur l'inévitable destinée qui nous soumet tous à la mort; puis venait une notice nécrologique sur le personnage, avec le panégyrique de toutes ses vertus; quelques réflexions sur la fragilité humaine servaient de transition pour recommander l'âme du défunt à la dévotion des fidèles. L'on terminait en appelant sur le messager la bienveillance de ses hôtes, avec prière d'inscrire la date de son passage pour être à même de contrôler son zèle et son activité. Ce messager recevait la qualification de porte-rouleau (*rotuliger, rotliger, roliger, rotularius* ou *breviger*); le cylindre sur lequel s'enroulaient les bandes de parchemin, cousues au bout les unes des autres, était suspendu à son cou par une courroie. A son arrivée dans un monastère, on sonnait la cloche pour réunir les religieux à l'église, le lugubre parchemin était déroulé, on faisait la lecture de l'encyclique et l'on priait pour le mort. Une réfection était servie au porte-rouleau, qui recevait en outre un ou deux deniers; pendant ce temps de repos, l'abbé ou l'un des religieux, le plus lettré, se chargeait d'inscrire la réponse ou le *titre*, suivant l'expression consacrée. On y consignait les noms du patron et de la localité, la mention des prières faites pour le défunt, et, selon la formule, la réclamation d'autres prières en retour. Quelquefois même on donnait le détail des menus suffrages récités, et l'on nommait les frères dont la perte était récente. S'il y avait dans le couvent un moine poëte, miniaturiste ou calligraphe, c'était alors qu'il improvisait un échantillon de son savoir-faire, soit une pièce de vers, un simple distique, soit un dessin ou une lettre-tournure en tête du titre. Un moine de Marmoutiers s'était déjà plaint, en 1100, de l'abus de ces jeux d'esprit et de ces assauts littéraires, mais le rouleau de des Barres va prouver qu'on ne tint guère compte de cette mercuriale.

Du reste, les rouleaux individuels sont devenus excessivement rares; du IXe au XIVe siècle, M. L. Delisle n'a pu fournir quelques détails que sur trois monuments de ce genre : sur le rôle de saint Bruno, sur celui qui concernait Mathilde, première abbesse de Caen, et sur le rouleau du bienheureux Vital, fondateur de l'abbaye de Savigny; ce dernier est conservé aux Archives de l'empire, et on lui a fait les honneurs de l'Armoire de fer, comme à un monument d'un prix inestimable : malheureusement les premiers feuillets manquent, et ce sont les plus intéressants, puisque, selon l'usage, ils contenaient l'encyclique, les détails sur la vie du bienheureux, et les réponses des abbayes les plus voisines des lieux qu'il habitait, où on était le plus à même d'apprécier ses vertus édifiantes; néanmoins, le rôle contient encore 210 titres, mais il faut remarquer qu'il sortit de France et circula en Angleterre. Le plus précieux autographe qu'il renferme est une pièce de vers latins que M. Delisle attribue avec toutes garanties de probabilité à la célèbre Héloïse, qui était alors retirée au couvent d'Argenteuil. On connaissait déjà, à l'occasion de sa prise d'habit, son goût pour la versification, et M. Delisle est d'autant plus porté à considérer cette poésie comme écrite de sa main, que, toutes les fois qu'un titre est de l'écriture d'un scribe ou d'un écrivain à gages, on a pris soin de le constater par la souscription *Scriba*. Une autre particularité curieuse du rôle du bienheureux Vital, c'est que l'abbaye de Corbigny y a fait exécuter un dessin au trait représentant une scène de diables et de monstres dans le style des vignettes qu'on rencontre dans les livres d'heures. Il est bien à supposer que c'était dans le but moral d'inspirer l'effroi de l'enfer.

Depuis plusieurs années on a retrouvé dans les archives de la ville de Marseille le rouleau mortuaire de Raimond des Baux. Aux manuscrits de la Bibliothèque impériale existe une pièce du même genre presque complète; elle provient du prieuré de Saint-Pierre-de-Mont, au diocèse de Metz, mais elle ne date que de 1305. Selon l'usage, le porte-rouleau y est recommandé à la bienveillante générosité des maisons religieuses qu'il va visiter, et l'on prie de mentionner la date de son arrivée.

L'invention de l'imprimerie et l'organisation du service des postes ont permis de continuer l'usage des encycliques d'une façon bien plus expéditive, et notamment à l'abbaye de Faremoutiers, où il s'est conservé jusque dans le XVIIIe siècle. Ainsi, à la mort de Mmes de Plas, de Béringhen et de Maupeou, abbesses, on imprima des circulaires contenant leurs notices nécrologiques et les éloges de leurs vertus, qui furent adressées à tous les monastères avec lesquels cette maison était en fraternité de prières. Même aujourd'hui, le banal billet de faire part, qui demande un *De profundis* pour le défunt, n'est-il pas un dernier vestige de l'antique cérémonial qui ne se pratiquait, il y a quatre cents ans, que pour les personnages les plus considérables?

NOTICE BIOGRAPHIQUE

SUR

GUILLAUME DES BARRES

Guillaume II des Barres, fils aîné de Guillaume Ier et d'Hélisende, seigneur d'Oissery, Forfry, Saint-Pathus, Silly, Ognes, Gondreville et la Ferté-Alais, comte de Châlon-sur-Saône, et auquel quelques chroniqueurs donnent le titre de comte de Rochefort, fut l'un des plus grands capitaines de Philippe-Auguste ; il était grand sénéchal de ce monarque et l'un des chefs de sa cavalerie légère. Il se fit une telle réputation de bravoure et de loyauté que les chroniqueurs et les historiens du temps le surnomment *le brave des braves*, *l'Achille de son temps*, *le plus renommé chevalier qui fut sous le règne de Philippe-Auguste*, et le placent dans leurs relations, lui simple chevalier, avant les plus hauts noms de France, tant était grande l'estime qu'avaient de lui ses contemporains. Nous allons voir bientôt qu'il avait bien mérité ces titres glorieux. Mais avant de faire connaître l'histoire de sa vie et les actions mémorables qu'il a faites, il est bon d'établir sa filiation. Une charte datée de l'an 1182 (1) montre qu'il était fils de Guillaume des Barres, seigneur d'Oissery. On y lit que, du consentement de Jean son frère, il fit don au prieuré des Fontaines d'une cense annuelle de quatre muids de froment et de trois muids d'avoine, dans sa dîme près Forfry, pour le repos de l'âme de Guillaume des Barres, son père, et en échange de sept muids de grains que ce seigneur avait légués, en l'année 1194, à l'église de Chaage. Ses frères consentirent à la donation qu'il fit (2) au même prieuré d'une rente annuelle de deux muids de froment et de neuf septiers de..., dans ses fermes de Minteri, pour le repos de l'âme d'Agnès des Barres, sa sœur ; il gratifia encore ce monastère de deux autres donations en 1213 et en 1214 (3) Il fit aussi quelques libéralités à la collégiale Saint-Spire de Corbeil, à laquelle un des chanoines, surnommé Langevin, avait donné un cens de soixante sols assis sur le territoire de la Ferté-Alais. Guillaume des Barres, seigneur suzerain de cette châtellenie, confirma en 1207 (4) cette donation, et le chapitre

---

(1) Dom Toussaint Du Plessis, *Histoire de l'église de Meaux*, t. II, p. 65.

(2) *Ibid.*, t. II, p. 80.

(3) *Ibid*, p. 105, 106.

(4) « Ego autem donum istud, intuitu divine pietatis et ob remedium anime mee et patris mei et antecessorum meorum, de assensu
« et voluntate Guidonis qui idem donum concesserat ..., et idem Guido a me in feodum tenebat, concessi et ratum habui. Canonici
« prefate ecclesie non immemores accepti beneficii concesserunt mihi anniversarium meum et patris mei singulis annis in predicta ecclesia
« faciendos... » *Cartulaire de Saint-Spire de Corbeil*, p. 32.

Ce précieux recueil du XIIIe siècle, sauvé de la destruction par de Fréville, appartient aujourd'hui à la fabrique de l'église de Corbeil.

reconnaissant s'engagea à célébrer chaque année un service pour son père, et plus tard pour lui-même.

En 1200, Gui d'Orville et Guillaume son frère vendirent au prieuré du Val-Notre-Dame les droits de champart et d'hivernage qu'ils avaient sur les terres de cette église, situées près d'Orville. A cette occasion, Guillaume des Barres accorda à ce prieuré des lettres de garantie de cette vente, à cause de son comté de Châlon-sur-Saône, dont ces terres relevaient (1).

Il fonda, au mois de janvier 1229 (2), en l'église d'Oissery, deux prébendes dont il devait avoir le patronage pendant sa vie, et que l'évêque de Meaux conférerait après sa mort; il confirma aussi en 1233 (3) une donation que Jeanne des Barres, veuve de messire de Corboart, chevalier, avait faite à Alipe des Barres, sa sœur, religieuse audit prieuré de Fontaines.

On trouve dans les archives nationales (4) des lettres de lui, scellées et datées du mois d'août 1222, dans lesquelles il prend à bail emphytéotique la dîme d'Oissery et de Forfry, appartenant alors au prieur de Saint-Martin de Crécy, et ce, moyennant douze muids de blé qu'il s'engage à lui servir annuellement tant qu'il vivra.

Guillaume des Barres accompagna Philippe-Auguste dans toutes ses expéditions. Sa première apparition a lieu en 1186 : il escortait alors ce prince en Bourgogne, où il accourait contre le duc Hugues III, exacteur injuste des églises de ce pays. Il nous est montré, dans cette campagne, montant, au siége de Châtillon-sur-Seine, le premier sur les murailles, et mettant en fuite les assiégés terrifiés, qui vont bientôt se renfermer dans la citadelle.

Philippe-Auguste et Henri, roi d'Angleterre, ayant eu le dessein de venir au secours des chrétiens d'Orient, prirent la croix en l'année 1187, des mains de Guillaume, archevêque de Tyr, qui avait été chargé par le pape de prêcher la guerre sainte. Une foule de seigneurs les plus qualifiés suivirent leur exemple, et se croisèrent pour la délivrance de Jérusalem, dont Saladin s'était emparé. De ce nombre étaient Richard, fils aîné du roi d'Angleterre; le duc de Bourgogne; le comte de Flandres; Robert, comte de Dreux; Thibaut, comte de Blois; Rotrou, comte du Perche; Guillaume des Barres, que la charte (5) qualifie comte de Rochefort, et qu'elle place avant Henri, comte de Champagne; Jacques d'Avennes; les comtes de Clermont, de Beaumont, de Bar, de Soissons et autres. Mais ce mouvement généreux passa bien vite à Henry; et Richard, son fils, ayant déclaré la guerre à Raimond, comte de Toulouse, Philippe-Auguste accourut au secours de son vassal. Le voyage de la terre sainte se trouva ainsi retardé et n'eut lieu qu'en 1190. « La guerre ayant été conclue, rapporte Mézeray (6), Richard d'Angleterre s'approcha devant Mantes pour en faire le siége. Le brave des Barres, l'Achille de ce temps-là, le repoussa vigoureusement. » Ce même Mézeray nous dit ailleurs (7) que Guillaume des Barres, à la tête de son escadron, fit une

---

(1) « ... Guido de Orville et Willelmus frater ejus vendiderunt fratribus ecclesie Vallis Beate Marie totam campi partem quam habebant « in terris quas ipsa ecclesia possidet apud Orvillam, et vii minas ybernagii quas in grangia vallis annuatim percipiebant..... pro lx libris « paris.... Quicquid ex tota ista venditione de feodo meo est, volo concedo ut prefata ecclesia in perpetuum pacifice possideat et ei « ipsam venditionem garantizabo... » *Archives nationales*, S. 4185, n° 1.

(2) *Histoire de l'église de Meaux*, t. II, p. 125.

(3) *Cartulaire du prieuré de Fontaines*.

(4) « Ego cepi ad modiacoem de priore Sancti Martini de Creciaco decimam quam habet apud Oisseriacum et Forferiacum pro duodecim modiis bladi. » *Archives nationales*, L. 1442, n° 32.

(5) *Histoire de la maison de Dreux*, p. 249.

(6) *Abrégé chronologique de l'histoire de France*, t. II, p. 159.

(7) *Histoire de France*, t. I, p. 477.

résistance si vigoureuse, qu'un instant il porta le désordre au milieu des Anglais; mais que, Richard étant accouru avec sa noblesse de Normandie, le fit prisonnier et lui rendit aussitôt la liberté « par la grande estime qu'il s'était acquise au fait de chevalerie. » C'est dans ce passage que l'historien le nomme « le plus renommé chevalier qui fût lors en France. »

Dumoulin, dans son histoire de Normandie, rapporte aussi ce fait d'armes (1). D'après Benoît de Peterborough (2), Guillaume des Barres fut fait prisonnier sur parole par Richard, et, manquant à ses engagements, prit la fuite sur un cheval de petite taille servant à son enfant. Mais cette relation s'accorde trop peu avec le caractère chevaleresque de Guillaume des Barres pour qu'on puisse y ajouter foi, et la version de Mézeray paraît plus probable.

Le père Daniel mentionne aussi cette action dans son *Histoire de la Milice française* (3), au chapitre où il parle des écuyers qui étaient à la suite des chevaliers avant de parvenir à cette dignité, et qui portaient le nom de *scutiferi, armigeri, scutarii*. Il y donne pour exemple celui de Guillaume des Barres : « Lorsque ce dernier, dit-il, l'un des plus fameux chevaliers de l'armée de Philippe-Auguste, se mit en marche pour aller escarmoucher auprès de Mantes contre Richard, depuis roi d'Angleterre, il prit, suivant Guillaume le Breton, sa lance et son bouclier que son écuyer portait.

« Armigeri spoliat clypeo latus, et rapit hastam (4). »

Guillaume le Breton ajoute que des Barres eut l'honneur de faire le coup de lance avec Richard lui-même, et qu'ils s'attaquèrent avec tant de vigueur, que leurs lances traversèrent bouclier, cuirasse et gambeson; mais le plastron, espèce de plaque de fer battu qu'ils avaient sous leurs autres armes, les empêchèrent de s'entre-percer. Cependant, il y a probablement de l'exagération dans ce récit, que le poëte avait embelli pour lui donner plus de relief.

« Utraque per clypeos ad corpora fraxinus ibat,
Gambesumque audax forat et thoraca trilicem
Disjicit ardenti nimium prorumpere, tandem
Vix obstat ferro fabricata patena recocto. »

Le père Daniel, parlant des ribauds (*ribaldi*), sorte de milice armée à la légère (5) : « C'était dit-il, un corps de soldats desquels il est fait mention à l'occasion de l'alarme que le chevalier Guillaume des Barres (lequel s'était détaché de l'armée française auprès de Mantes) alla donner au camp des Anglais du temps de Philippe-Auguste. Ce fut au siége de Château-Gaillard, qui eut lieu en 1202. Guillaume Le Breton rapporte que les ribauds et vivandiers, ayant été surpris la nuit au milieu de leur sommeil, avaient été saisis d'épouvante, mais que le brave des Barres, accompagné d'autres chevaliers, vint à leur secours, arrêta les fuyards, donna sur les ennemis, les mit en fuite, en tua beaucoup et fit grand nombre de prisonniers. »

Quelque temps après, à la mort de Henry II, Richard lui succéda au trône d'Angleterre et

---

(1) *Histoire de Normandie*, p. 417 et 418.
(2) *Vie de Henri II, roi d'Angleterre*.
(3) T. I, liv. III, chap. VI, *des Écuyers et Valets*.
(4) *In Philippide*, liv. III.
(5) *Histoire de la Milice française*, t. I, liv. III, chap. VII.

traita de la paix avec Philippe-Auguste. On put alors reprendre le dessein projeté en 1187, et on partit pour la terre sainte en 1190. Ce fut dans cette même année (1) que Guillaume reçut 400 marcs d'argent du roi Philippe-Auguste.

Guillaume des Barres fut de cette expédition, et Thomassin (2) le cite même parmi les plus braves de l'armée chrétienne que Richard, roi d'Angleterre, choisit pour aller au secours de Jaffa assiégée par l'armée ennemie.

Dumoulin (3) rapporte de lui un fait qui, futile au début, devint ensuite très-sérieux. Richard d'Angleterre, accompagné des seigneurs de sa cour et de quelques chevaliers français de la suite de Philippe-Auguste, était allé se promener hors de Messine. Non loin de cette ville, ils rencontrèrent un villageois conduisant un âne chargé de cannes; ils en prirent chacun une et s'amusèrent à jouter l'un contre l'autre. Guillaume des Barres eut le périlleux honneur d'être l'adversaire choisi par Richard. Le roi d'Angleterre, irrité de l'adresse et de la vigueur que montrait Guillaume, sur lequel il n'avait pas pu prendre l'avantage, se mit dans une telle colère qu'il lui défendit de paraître jamais devant lui. En vain Philippe-Auguste voulut-il employer son crédit pour les réconcilier; en vain l'archevêque de Cantorbéry, le duc de Bourgogne et le comte de Nevers essayèrent-ils d'apaiser le roi d'Angleterre; tout fut inutile pour fléchir un prince si vaniteux. Cependant, au départ de la flotte, le roi d'Angleterre, sollicité par les seigneurs de sa cour et importuné d'entendre publier hautement la vertu et la valeur de des Barres, consentit enfin à lui pardonner.

Des Barres se distingua au combat d'Assur en 1191. Au moment où les Sarrasins revenaient à la charge après un premier échec, Guillaume des Barres et Richard les dispersèrent de nouveau, après un combat beaucoup plus terrible que le premier.

A son retour en France, des Barres fut l'un des seigneurs que Philippe-Auguste donna (4) pour caution à Blanche de Navarre, comtesse de Champagne, des conventions relatives à l'éducation et à la garde de la fille de cette princesse. Nous possédons encore des lettres qui furent faites à ce sujet en l'an 1200. Elles portent que la fille de la comtesse sera mise jusqu'à l'âge de douze ans entre les mains de Philippe-Auguste, qui s'oblige à ne la faire marier que du consentement de sa mère et par le conseil des barons qui avaient été donnés pour caution. L'année suivante, c'est-à-dire en 1201 (5), Guillaume des Barres garantit au roi de France que le mariage de la fille de Blanche ne pourrait causer aucun dommage au royaume.

Taveau, voulant donner une idée de la fidélité que Guillaume des Barres avait à servir son roi, rapporte le fait d'armes suivant :

« En l'an 1197, Philippe-Auguste, visitant les frontières de son royaume, sans se doubter d'aucun, et proche la ville de Gisors, fut surpris par Jehan, roi d'Angleterre, qui survint avec grandes forces. Le roi, conseillé par ses barons, d'autant qu'il avait petite compagnie, se retira à Gisors.

---

(1) Louvet, *Anciennes remarques*, etc., liv. 1, p. 80.

(2) *Histoire du Berry*, p. 515.

(3) *Histoire générale de Normandie*, p. 441.

(4) Duchesne, *Histoire de la maison de Montmorency*, liv. III, p. 127.

(5) *Archives nationales*, B. VI, f 1.

« Cependant Guillaume des Barres, accablé de la multitude des ennemis, il fut pris et présenté au roy d'Angleterre, aux grandes acclamations que le roy estait pris.

« Mais des Barres, se descouvrant, dist : Vous n'avez pas le roy, mais un pauvre chevalier des moindres du royaume. — Répliqua le roy d'Angleterre : Barroys, puisque je t'ai, je n'ay mie failly. » Le roi d'Angleterre, dit-on, lui rendit la liberté sans rançon.

Nous avons avancé que Guillaume des Barres avait été comte de Châlon-sur-Saône; nous n'avons cependant trouvé aucune charte qui lui donnât ce titre; il ne l'a pas même pris dans l'acte de 1200, ci-dessus cité, et qu'il consentit en cette qualité; seulement, sur le contre-sceau qui y est appendu, on lit : S. COMITIS CABILONIS; et la preuve que ces lettres sont bien émanées de notre Guillaume II, c'est qu'elles sont scellées des types particuliers à la branche d'Oissery, le château au droit et l'écu losangé au revers, tandis que la branche de Bourgogne n'avait pas de membre de ce nom à cette époque, et ne portait qu'une fasce dans ses armes.

Philippe-Auguste, de retour de la croisade, profitant de la captivité de Richard, voulut conquérir les possessions que ce roi avait en France. A cet effet, il réunit à son armée le comte de Boulogne et Guillaume des Barres, à la tête d'un corps nombreux de troupes françaises et de routiers, et les envoya, en 1203 (1), au Pontorson et à Mortagne, où ils eurent la gloire d'achever la conquête de la Normandie.

Ce fut surtout à la bataille de Bouvines que Guillaume des Barres se couvrit d'une gloire bien méritée par les grands faits d'armes qu'il y accomplit. Inutile de rapporter cette glorieuse bataille, dans laquelle Philippe-Auguste triompha de forces trois fois supérieures sous les ordres de Jean-sans-Terre, au secours duquel étaient accourus Othon, empereur d'Allemagne, Ferrand, comte de Flandres, et Renaud, comte de Boulogne. Nous ne ferons que retracer le fait concernant particulièrement Guillaume des Barres. Tous les chroniqueurs, tous les historiens qui ont raconté cette célèbre bataille de Bouvines donnent à ce guerrier une part très-glorieuse, et élèvent au plus haut point son indomptable courage. Mézeray (2) le cite parmi les seigneurs qui s'y distinguèrent le plus et qui contribuèrent le plus à la victoire. C'est en ce passage que Guillaume des Barres est qualifié par lui du titre de grand sénéchal du roi. Albéric (3) le surnomme « Flos militum » et le place même avant ceux qui y combattirent aux côtés du roi. Le père Daniel lui donne aussi le rang le plus honorable. Le comte de Flandre et le comte de Boulogne s'étaient engagés à ne chercher pendant la bataille que l'occasion de tuer le roi, jugeant qu'après sa mort on aurait facilement raison de son armée. Aussi Philippe courut-il de grands dangers, surtout à un moment où l'empereur Othon était presque parvenu à l'atteindre. C'en était fait de lui, nous dit Daniel, si Guillaume des Barres, accompagné de quelques chevaliers, n'était accouru au secours de son roi, et n'eut fait une puissante diversion par sa valeureuse attaque. Il parvint en effet à dégager le roi et à faire lâcher pied aux ennemis qui l'entouraient; mais, son cheval ayant été tué sous lui, il aurait succombé sans le secours de Thomas de Saint-Valéry qui survint avec sa troupe et qui le délivra des mains de l'ennemi.

---

(1) Guillaume le Breton, *Philippid*.

(2) *Abrégé chronologique*, t. II, p 188.

(3) Rigord, premier historien de Philippe-Auguste, dit, en parlant de des Barres : « Strenuum illum Guillelmum », et plus loin : « Mira fortitudinis specimena dedit. » — Voyez l'*Histoire de la maison de Guines*, p. 269, et l'*Histoire de la maison de Bar-le-Duc*.

Quelque temps après cette victoire, à laquelle des Barres avait pris une si noble part, le roi fit une trêve avec Jean-sans-Terre, et Guillaume des Barres (1) fut l'un des seigneurs qui la signèrent; cette trêve est datée de Chinon, le jeudi après l'Exaltation de la sainte croix, au mois de septembre 1214. C'est au mois de janvier de cette même année que Guillaume des Barres avait fourni un aveu au comte de Champagne, Thibaut, pour les seigneuries de Saint-Pathus et de Silly, excepté son château fort, et aussi pour ses possessions à Marchiémoret; il se déclarait homme lige du comte de Champagne après la ligeance du comte de Dammartin; et enfin, lorsque Eudes, duc de Bourgogne, ajourna Blanche, comtesse de Champagne, et son fils, à comparoir à l'assemblée des pairs, il accompagna ce prince avec Matthieu de Montmorency. Cette assemblée se tint à Melun, au mois de juillet 1216; il y fut jugé le différend que cette princesse et son fils avaient pour le comté de Champagne avec Erard de Brienne et sa femme (2).

Au mois d'avril de l'année 1218 (3), Guillaume des Barres fut caution du roi pour la promesse faite par ce dernier au comte Thibaut.

A la mort de Philippe-Auguste, Louis VIII monta sur le trône et n'eut rien de plus pressé que de rémunérer les services que le vieux sénéchal des Barres avait rendus à son père; aussi lui fit-il, en 1223 (4), une pension de 300 livres parisis sur ses prévotés de Paris et de Crespy-en-Valois; il lui accorda, en outre, droit de pêche dans ses viviers d'Anthilly, et droit de chasse dans la forêt de Rest (5), d'où il pouvait se servir du bois mort pour sa maison de Gondreville.

Guillaume des Barres avait épousé Amicie, comtesse de Leicester et de Montfort; elle était fille de Robert, troisième du nom, comte de Leicester, et de Péronelle de Grantemesnil, et enfin sœur et héritière de Robert de Beaumont, quatrième du nom, comte de Leicester. Cette alliance se trouve relatée dans une charte sans date (6), où Guillaume des Barres et ladite Amicie, qui a le titre de comtesse de Montfort, donnent à l'église de Strate le bois mort de la forêt de Nivellin et le péage d'Elleville, afin de faire prier pour le repos de l'âme de Simon, comte de Montfort, second et précédent mari d'Amicie, et de leurs aïeux. Leurs sceaux y sont appendus. Le nécrologe du prieuré de Fontaines (7) nous donne une autre preuve de cette alliance : on y lit que Amée des Barres, dont nous avons parlé ci-dessus, est dite fille de Guillaume des Barres et d'Amicie, comtesse de Montfort.

Amicie était veuve en premières noces d'Albéric, premier du nom, comte de Dammartin; et

---

(1) *Histoire de la maison de Montmorency*, p. 398.

(2) *Archives nationales*, B. VI, f° 18 v°, 374 r°; B. VI, f° 15 et 252 v°, id., J. 209, n° 21. — Duchesne, *Histoire de la maison de Montmorency*, p. 81, 82 et 88. — Du Tillet, p. 28, 29 et 369 du *Recueil des rangs des Grands de France*. — Dom Planchet, *Histoire générale et particulière de Bourgogne*, t. I, p. 386.

(3) *Archives nationales*, B. VII, 113e pièce.

(4) Carta de dono Guillermi de Barris patris.— « Ludovicus Dei gratia Francorum rex. Noverint universi, etc.. quod nos dilecto et fideli « nostro Guillermo de Barris patri damus et concedimus ccc lb. parisienses, de quibus percipiet singulis annis in prepositura nostra « Crispiaci, c lb. in Purificatione beate Marie, et in prepositura nostra parisiensi cc lb. in Accensione Domini, et c lb. in festo Omnium « sanctorum; preterea damus et cedimus eidem piscariam vivariorum nostrorum de Antilliaco sine aque abessamento et chaceriam in « foresta notra de Restis, et usuarium in eadem foresta in mortuo nemore, ad usum domus sue de Gondrevilla; hec autem omnia « supradicta ipsi tenenda recedimus ad vitam suam; precepimus etiam prepositis nostris Parisiensibus et Crespiacensibus quicunque sint « illi, quod predictam pecuniam sine difficultate aliqua reddant terminis prenotatis eidem Guillermo, vel ejus certo nuntio, super hoc « ipsius patentes litteras deferenti; in cujus rei memoriam, etc... Actum apud montem Argei anno Domini M° CC° XXIII, mense decembris. » Bib. nat., *Cartulaires de Philippe-Auguste*, n° 9852-3, f° 180 v°. Décembre 1223.

(5) Aujourd'hui de Villers-Coste-Rest, dont l'ancienne orthographe montre l'étymologie.

(6) *Histoire de la maison de Harcourt*, t. I, liv. v, p. 204 et suivantes; *Histoire des Grands Officiers de la Couronne*, t. VI, p. 74.

(7) Cabinet Clairambault.

en secondes noces de Simon, comte de Montfort, ci-dessus nommé. Elle hérita de son frère, Robert de Beaumont, quatrième du nom, comte de Leicester, du comté de Leicester et des autres biens qu'il possédait en France. En l'année 1204, elle échangea ces derniers avec Philippe-Auguste, pour la seigneurie de Saint-Léger en Yveline, sur les revenus de laquelle elle assigna, en 1206, à l'église Notre-Dame de Chartres, 200 livres de rente. Elle avait eu plusieurs enfants de Simon, comte de Montfort, son second mari ; le plus célèbre de ces enfants est, sans contredit, Simon, quatrième du nom, comte de Montfort et de Leicester, qui remporta auprès de Muret, en 1213, une grande victoire sur les Albigeois, ce qui lui fit donner les surnoms de *Fort* et de *Machabée*.

Guillaume des Barres était déjà fort avancé en âge lorsqu'il mourut, en 1233. Suivant dom Toussaint Duplessis (1), sa mort fut funeste à la communauté de Fontaines. Les religieuses de cette communauté le regardaient, en effet, comme un de leurs bienfaiteurs et le restaurateur de leur monastère. Suivant l'usage du temps, les religieuses annoncèrent aussitôt sa mort, et en firent part à différentes églises du royaume, où elles envoyèrent un rouleau de parchemin, sur lequel, suivant la coutume, chacune de ces églises marqua qu'elle avait prié pour le repos de l'âme du défunt. Ce rouleau, longtemps conservé à Fontaines, se trouve maintenant dans la collection de M. Dassy. En tête de ce rouleau, on voit une miniature représentant Guillaume des Barres étendu sur un lit, et l'évêque de Meaux, suivi de toute la communauté de Fontaines, qui vient jeter de l'eau bénite sur le corps du défunt. Au-dessous se trouve un grand discours ou oraison funèbre, où on lit que des Barres avait été l'un des plus grands hommes et l'un des plus fameux guerriers de son temps ; il est dit aussi qu'il était beau de corps, d'une haute stature, supérieur à tous par la force et l'agilité (2), et qu'avant de mourir il avait pris l'habit de l'ordre de Fontevrault. Sur son tombeau à Fontaines, il se trouvait représenté, sans ornement, en habit de religieux, couché et les mains jointes (3).

De son mariage avec Amicie, comtesse de Leicester, il avait eu un fils et deux filles : le fils, appelé Guillaume, troisième du nom, continua la postérité ; des deux filles, la première, appelée *Amée*, se fit religieuse au prieuré de Fontaines. Le nécrologe de ce monastère la nomme fille de Guillaume des Barres et de la comtesse de Montfort. Amicie, la seconde fille, mourut sans avoir été mariée. Un titre, daté d'Oissery en novembre 1214, la nomme fille de Guillaume des Barres. En vertu de ce titre, elle donne, conjointement avec son père, au monastère de Fontaines, dans les censes d'Oissery, une rente annuelle de 10 livres, monnaie de Provins, payable après leur mort au jour de la fête Saint-Remy.

Comme l'a remarqué M. Prou (4) dans l'intéressante notice qu'il a donnée sur notre héros, on ne peut s'expliquer comment le nom de des Barres n'est pas resté en France plus populaire que

---

(1) *Histoire de l'Église de Meaux*, t. I, p. 215 ; et Pièces justificatives, p. 132 et 133.

(2) « Super omnes barones et principes fidelem et legitimum, sanguine preclarum, facie decorum, membris fortem et abilem, statura « longum et bene formatum, etc. » (Voir plus loin à la page 17.)

(3) Le chevalier C.-F. Blondeau, auquel nous empruntons une partie de ce travail généalogique, ajoute ici en note : « Dans un voyage que j'ai fait à Fontaines, Mme de Montholon et Mme de Barbanson, religieuses de ce monastère, me firent voir ce rouleau ; il est en parchemin ; les notes des églises qui avaient offert leurs prières pour le repos de l'âme de Guillaume des Barres forment chacune une pièce séparée, et, jointes ensemble, elles sont de la largeur d'un demi-pied ; il y en a près de deux cents, et le rouleau a quarante pieds de longueur.

(4) *Mémoires de la Société archéologique de Sens*, année 1851.

celui de Richard-Cœur-de-Lion, le royal antagoniste contre lequel des Barres remporta tant d'avantages. C'était déjà, en 1261, un sujet d'étonnement pour le jacobin qui a composé le livre intitulé *Liber apum*, et voici comment Taveau traduit sa singulière réflexion : « Quelle plus grande « louange acquièrent en ces tournois les chevaliers que les chevaux? Guillaume des Barres, de « son temps, a esté appelé *le bon chevalier*. Son nom a esté célèbre tant qu'il a vescu; lui mort, « sa renommée a cessé, et le cheval Bayard, qui a esté sous Charles-le-Grand, est mort dès « il y a plus de cinq cents ans, et toutefois sa renommée marche encore en ce monde. » Notre naïf auteur ne se doutait guère que deux siècles après lui viendrait un chevalier du même nom qui éclipserait complétement la renommée du cheval de Charlemagne.

Dans les *Arrêts et enquêtes antérieurs aux olim de* 1180 à 1254, que M. E. Boutaric a publiés récemment, nous retrouvons la confirmation de ce que nous avions cherché à établir : c'est que Guillaume des Barres était du conseil privé de Philippe-Auguste. Il figure parmi les grands barons de la couronne qui furent appelés vers 1202 pour rendre l'arrêt de la Cour du Roi déclarant que le vidame de Châlons-sur-Marne n'avait aucun droit sur le régale de l'évêché de Châlons. En 1221, il occupe encore le même siége pour dresser procès-verbal de la conduite de l'évêque de Paris, à l'occasion du procès qu'il avait avec le Roi, lorsque le prélat déclina la compétence de sa Cour.

§ II

DESCRIPTION DU ROULEAU MORTUAIRE

Le rôle de Guillaume des Barres a 10 m. 84 c. de longueur sur 0 m. 18 c. de largeur; il se compose de dix-sept feuillets de parchemin soigneusement cousus les uns au bout des autres, et inégaux en longueur : les plus longs n'ont pas plus de 0 m. 70 c. Douze de ces feuillets sont opistographes, c'est-à-dire écrits au recto et au verso; sur le premier on a fait les frais d'une miniature capitale qui orne la tête de l'encyclique : elle a 0 m. 41 c. de hauteur sur 0 m. 176 mill. de largeur. L'effigie de l'illustre défunt y est représentée de profil, revêtue de l'ordre de Fontevrault, qui était alors vert foncé, tirant sur le bleu; sa capuce, de même couleur, est relevée sur la tête, et les bras sont posés en croix sur les cuisses. Le corps est exposé sur un lit de parade orné de petites arcatures plein cintre et supporté par des colonettes dont la décoration polychrôme est à remarquer. Le drap mortuaire, artistement drapé, ne le recouvre que jusqu'à la ceinture.

Au milieu du chœur ou plutôt de la crypte, éclairée par une fenêtre basse vitrée en boudines, s'avance l'évêque de Meaux, qui était alors Pierre de Cuisy, crossé, mitré et drapé dans sa casula antique, avec l'amict pendant au cou; de la main droite il tient le goupillon pour jeter l'eau bénite sur le corps en prononçant l'absoute. Suivent deux acolytes dont l'un porte la croix processionnelle et l'autre un livre fermé qui peut désigner l'office des morts. Derrière eux se presse un groupe de six religieuses voilées et drapées aux mêmes couleurs que le défunt, avec la guimpe blanche, suivant le costume de l'ordre; celle qui figure au premier plan fait un geste de douleur et porte à la main droite un livre à fermaux, probablement le livre de la règle, qui caractérise d'ordinaire l'abbesse ou la prieure d'un couvent.

Au chevet du mort se tiennent deux religieuses en pleurs, les yeux fixés sur leurs livres d'heures ouverts. Par la place réservée que l'artiste leur a assignée, il semble avoir eu l'intention de désigner Alipe et Amée des Barres, et de rappeler qu'elles avaient assisté le brave chevalier dans ses derniers moments. Au-dessus de leurs têtes est fixé à la voûte un andouiller de cerf auquel est suspendu par une courroie le bouclier de Guillaume des Barres; son blason est un losangé d'or et de brun rouge très-pâle; au chef, à dextre, est ajouté en guise de franc-quartier un petit écu bleu vert-myrte, de la même nuance que le justaucorps et le capuchon du défunt : le cérémonial de l'époque exigeait sans doute cette addition héraldique pour montrer que le mort appartenait à l'ordre religieux dont il avait pris l'habit, car sur les deux sceaux que nous avons publiés de Guillaume ce franc-quartier n'existe pas.

Ici la polychromie soulève une autre question qu'il serait curieux de pouvoir résoudre pour l'histoire de l'art héraldique : Y a-t-il une époque où les émaux du blason n'étaient pas encore fixés, et ne serait-ce qu'au XIIIe siècle que les couleurs ont été restreintes au nombre qui est toujours resté de règle depuis? Car, le brun-rouge clair, la nuance que nous avons indiquée, n'est pas une couleur héraldique; elle tranche d'une manière presque insensible sur l'or, qui est le métal . sur lequel elle est posée. On pourra nous objecter que cette nuance était sans doute primitivement de gueules (rouge), et que la miniature toujours roulée a dû singulièrement pâlir ou s'écailler par suite du voyage qu'elle a subi et des siècles qu'elle a traversés. Cette objection nous paraît peu admissible, pour deux raisons : d'abord, parce qu'on retrouve d'autres détails de couleur rouge où le vermillon a conservé toute sa vivacité; ensuite, parce que les religieuses de Fontaines avaient pris soin de coudre en tête de la vignette une fine batiste qui la recouvre encore entièrement et l'a préservée de tout frottement. On a même poussé la précaution jusqu'à coudre une large bande de maroquin rouge, munie d'une lanière qui forme plusieurs tours sur le rouleau et le protège contre la moindre humidité. Toutefois, comme le ton de l'apprêt général est ce même brun-rouge clair, il est permis de supposer que le miniaturiste aura oublié de revenir en vermillon sur les losanges héraldiques.

Au-dessus de la scène que nous venons de décrire apparaît, dans une auréole circulaire, le divin Sauveur, la tête décorée du nimbe crucifère, bénissant à la manière latine de la main droite et s'appuyant de la gauche sur le livre des saints Évangiles; il trône sur un siége d'une forme curieuse, dont le fond est à damier et le dossier imbriqué en écailles de poisson. Les pieds du souverain juge, reposant sur une sorte de sphère terrestre à cercles concentriques de différentes couleurs, foulent la tête d'un serpent, symbole de l'ennemi du genre humain. Sur le premier plan, deux anges fléchissent le genou dans l'attitude de l'adoration; l'un présente l'âme du défunt sous les traits d'une petite figure nue et sans sexe, tandis que l'autre balance un encensoir sphéroïdal et tient une cassolette. Aux quatre angles de l'encadrement figurent, dans des auréoles formant le cercle et le demi-cercle, les quatre animaux symboliques, attributs des Évangélistes. Il est à remarquer ici que, suivant les traditions hiératiques, l'homme est représenté sans ailes.

Dans le cartulaire du prieuré de Fontaines (1), dont M. Lhuillier, secrétaire du conseil de

---

(1) Archives départementales de Seine-et-Marne, H. 492.

préfecture, a eu l'obligeance de nous signaler l'existence aux archives de Seine-et-Marne, on retrouve des notes assez détaillées et souvent intéressantes sur Guillaume des Barres et son rouleau mortuaire; mais l'étude de l'archéologie et de la symbolique chrétiennes était encore si peu avancée en 1788, que l'auteur de ces notes, l'abbé Cherrier, administrateur de l'Hôtel-Dieu de Meaux, a pris la figure emblématique de saint Matthieu pour une image de la Sainte Vierge, et les philactères évangéliques que portent à la bouche les trois autres animaux tétramorphes pour un signe héraldique, « une bande ou une barre argentée, » qu'il a supposée être une pièce distinctive des armoiries du défunt. Une inspection un peu plus attentive lui aurait évité cette seconde méprise, car nous avons peine à comprendre comment le grand écu losangé suspendu à la voûte lui a complétement échappé.

Au bas de la miniature sont inscrits en belles capitales onciales les deux vers léonins suivants :

QVI : TVMVLVM : CERNIT : CVR : NON : MORTALIA : SPERNIT
TALI : NAMQVE : DOMO : FVNGITVR : OMNIS : HOMO :

« Vous qui regardez ce tombeau, apprenez à mépriser les choses d'ici-bas, car il sera la dernière demeure de tout homme. »

Vient ensuite l'encyclique, dont nous reproduisons le texte *in extenso;* la traduction française que nous y joignons est celle que M. Cherrier a insérée dans le cartulaire de Fontaines, circonstance qui lui donne un certain caractère d'authenticité, et que nous avons cru devoir respecter autant que possible; elle est d'ailleurs très-satisfaisante. Nous n'avons eu à faire que quelques légères corrections pour les passages que le traducteur n'avait pu lire et qu'il avait laissés en blanc dans sa copie.

---

§ III

ENCYCLIQUE.

TEXTE.	TRADUCTION.
Universis sancte mutris Ecclesie filiis, archiepiscopis, episcopis, abbatibus, prioribus, decanis, ceterisque ecclesiarum prelatis et personis per universalem Ecclesiam constitutis, — grex pusillus sanctimonialium ordinis Fontis-Ebraudi, in monasterio de Fontanis, in Meldensi diocesi constituto, humiliter Deo serviens, salutem et in spe retributionis eterne, finem operis prestolari, et cum hiis novissima memorari.	A tous les enfants de notre mère sainte Église, archevêques, évêques, abbés, prieurs, doyens, et tous ceux qui sont constitués en quelque dignité dans l'Église, — le petit troupeau des religieuses de Fontaines, ordre de Fontevrault, diocèse de Meaux, servant Dieu avec humilité, et dans l'espérance d'une récompense éternelle, vous prie d'avoir égard à ses prières.
Cum universe conditor creature hominem in tanti culminis honorem sublimasset ut ad sui conditoris ymaginem formaretur, tante dignitatis immemor, ipsum non intellexit, sed merito in similitudinem corruens jumentorum adhuc in filiis et nepotibus jugum grave sustinet, sub quo videlicet incurvitur, gemit et suspirat, donec qui eum ab initio edidit, in maternum tandem sinum, ipsum oporteat remeare, cujus ministrum primi erroris, culpa, adeo supra se aggravatam Domini manum, humana sensit natura, ut nequaquam, ad eterna, sive gaudia, sive supplicia, nisi per temporales mortis angustias, filii dehinc exire queant.	Dieu avait élevé l'homme à un haut degré d'honneur en le créant à son image et ressemblance : mais, oubliant son bienfaiteur et la dignité de sa création, celui-ci dégénéra au point d'attirer sur lui et sur sa postérité l'anathème de son créateur, sous lequel il gémit et soupire, jusqu'à ce qu'il rentre dans la poussière dont il l'avait tiré. Immortels que nous étions créés, la faute de notre premier père est telle que ce n'est que par la mort que nous passons de cette vie à une autre, heureuse ou malheureuse.
Quando et ipse rex virtutum, dilectus, dilecti, pro nobis prime damnationis penas luens, mortis exitum non evasit; si igitur legem capitis nostri desideramus implere, necesse est ut, ad illius similitudinem, alter alterius portemus onera, qui generis humani miserie in tantum condoluit, ut penas hominum debitas in carne propria	Le Roi des vertus voulut bien expier la faute de notre première damnation en se soumettant lui même à la mort pour la rémission de nos péchés; donc, à l'exemple de notre chef, nous devons nous secourir les uns les autres, lui qui, compatissant aux misères humaines, voulut bien par sa mort expier nos fautes. Comme a dit de

TEXTE.

persolveret misericorditer et devote. Sicut in illius persona Psalmista dixit, quem non rapui, tunc exsolvebam; non peccavit, et penas dedit; hominis namque penitencia ullatenus divinam justiciam placare valeret nisi penas capitis intercessisset.

Igitur, si tanta rex noster pro servis impiis agere et pati dignatus est, quanta pro nostri corporis membris, id est pro filiis sancte matris Ecclesie, facere tenemur, ut pro illorum regimine devotis oracionibus et sacrificiis oblatam veniam citissime consequantur?

Heu et multipliciter heu sors dira, mors crudelis, nulli parcens, omnes trahens, gregem nostrum miserabiliter concussisti, cum a nobis dulcissimum et nobilem dominum nostrum Guillermum de Barris, militem, matris Ecclesie columpnam venerabilem, tocius regni Francie consilium, et eciam fulcimentum, et contra omnes ejusdem regni inimicos et adversarios, corpus proprium exponentem. Super omnes barones et principes. fidelem et legitimum, sanguine preclarum, facie decorum, membris fortem et abilem, statura longum et bene formatum, discordiarum sedatorem, largum, et omnibus humilibus parem et equalem, superbie discolum, discretum, providum. et modo miro sagacem, justum, timoratum. amplissime pauperibus erogantem, omnium bonorum morum venustate renitentem.

Qui in laudabili milicia vivens, nos tanquam pater filios educavit, et sub umbra alarum suarum protexit, et corpus proprium, pro nobis inimicis nostris sepe et sepius exposuit; cujus absencia, quod absit, malignorum incursibus deprimi dubitamus: qui, ut uno verbo veritatem ostendamus, in vita sua, nos nonquam nec conventum nostrum deseruit desolatos, sed nos instruens temporalibus incrementis agmentavit; superdicte milicie cingulum spontaneus abjiciens et deponens, amplissimarum facultatum proprietatem respuens, nostre religionis assumens habitum, paupertati et humilitati nostre condescendit. Cujus oculos dulcissimos, non sine luctu et dolore nimio, decimo kalendarum aprilis clausimus.

Heu! iterato dicentes, quis dabit nobis fontem lacrimarum, et plorabimus, et benignissimum dominum nostrum, et fratrem Ecclesie nostre Guillermum Barrensem mitem et eciam mansuetum, quem à nobis tanquam furtive sublatum. plangimus et miramur; per quem licet contra omnes nobis adversantes, in vita sua sustentaremus, et ipsum tanquam superiorem haberemus. Ipse tamen per sui corporis dationem in ordine nostro, lux et gemma resplendens, se equalem conditioni nostre reputans in humilitate et abstinencia, nobis omnibus se equavit.

Quapropter quia Deus novit conscienciam nos autem exteriorem, hominem commendamus, sicut et commendabilem novimus, dubium est, et humane discretioni indubitum, quid super hiis dilectus judex et justus judicet et discernat. Humiles pro eo vultibus lacrimalibus genibus flexis. quantas possumus, humiliores preces universitati vestre porrigimus, et toto corde et tota anima, per caritatem qua Deum et proximum diligetis, in qua in Xristo omnes sumus, ipsam obsecramus…. Cum sit pium pro defunctis exorare ut a peccatis solvantur, anime ipsius in tanto articulo misericordie succurratis. ut oracionum vestrarum, missarum, psalmorum et oracionum suffragiis, apud misericordem judicem subvenientes, eum nullus mortalium sine peccati contagione vivere queat, nec eciam infans cujus est vita diei, unius super terram, Domino nostro Jhesu Xristo inseparabiliter inire valeat et quia caritas operit multitudinem precum nobis in excelsum… remuneret absolutionem. Quidquid pro eo. pro fratribus et sororibus et benefactoribus nostris omnipotenti Deo mericorditer offeretis. nos quoque caris vestris defunctis juxta quod nobis significaveritis, vicissitudinem reddere sumus pati.

Ad ultimum predictam vestram reverendam universitatem rogamus ut rolligeri hujus necessitati concurratis ad istud etiam opus plenissime peragendum. Rogero, quem predictus nobilis nutrivit ab infantia sua. cui panem nostrum quamdiu vixerit concessimus, propter oraciones in variis mundi partibus congregandas.

Latori hujus rolligeri cum ad vos venerit in vite necessariis provideatis, et locum et diem quod ad vos venerit in rotulo subscribatis. ut per hec et alia bona que Domino inspirante feceritis, in futurum multiplicem ab eo recepiatis mercedem que Xristum est, et omnium secretorum conscius et cognitor qui vivit et vivet in secula seculorum et per ignem seculum judicabit. Amen.

TRADUCTION.

lui le Psalmiste, j'ai restitué à celui à qui je n'avais fait aucun tort: il n'a point péché, et il a expié le péché. Jamais l'homme par luimême n'eût pu satisfaire à la justice divine; il a fallu que le fils de Dieu se rendît victime propitiatoire.

Si donc le fils de Dieu a tant fait pour des sujets ingrats, que ne devons-nous pas faire pour des membres de notre corps, c'està-dire pour des enfants de notre mère sainte Église, afin de parvenir par nos prières et sacrifices à obtenir promptement de la justice divine la rémission de leurs fautes?

Hélas! cent fois hélas! sort cruel, mort inhumaine, qui n'épargnes et ne fais grâce à personne! de quel chagrin n'as-tu pas affligé toute notre communauté en nous enlevant le très doux et noble seigneur le chevalier des Barres, la colonne respectable de la mère Église, le soutien et le conseil du royaume de France, lui qui exposait sa propre vie pour le défendre contre ses ennemis! De tous les barons et les princes, il était le plus fidèle; issu d'un sang noble, d'une belle figure, grand, fort, bien fait, agile, conciliateur, bienfaisant, se rendant l'égal des plus humbles, ennemi du faste et de l'orgueil, discret, prudent et d'une sagacité extraordinaire; juste, timoré, versant d'abondantes aumônes dans le sein des pauvres, il réunissait en lui l'éclat de toutes les vertus.

Vivant avec nous dans les exercices de la sainte milice, il nous formait comme un père ses enfants, et nous protégeait à l'ombre de ses ailes; souvent et très-souvent il a exposé sa vie pour nous garantir de nos ennemis; nous avons lieu d'appréhender, ne l'ayant plus, d'être exposées aux incursions des méchants: en un mot, pour dire la vérité, loin, pendant sa vie, de nous abandonner dans nos afflictions, fuyant et méprisant ses abondantes richesses, ainsi que les titres honorables de sa valeur et de sa naissance, il voulut, en prenant l'habit de notre sainte religion, participer à notre pauvreté et à notre humilité. C'est avec le plus grand chagrin et la plus profonde douleur que, le 10 des calendes d'avril (23), nous lui avons fermé les yeux.

Répétons-le, hélas! qui nous donnera une fontaine de larmes pour pleurer abondamment le très-doux seigneur et frère de notre Église, Guillaume des Barres, que la mort nous a enlevé si subitement? Il était pendant sa vie notre défenseur, nous le regardions comme notre supérieur; par son affiliation à notre ordre, il en devint la gloire et l'ornement, et, s'assimilant à nous, il nous donna des leçons d'humilité et de pauvreté.

Comme Dieu seul connaît l'intérieur de l'homme, nous n'avons connu que son extérieur. Nous ignorons quel sera le jugement de Dieu à son égard; c'est pourquoi, prosternées en terre, nous vous conjurons, les larmes aux yeux, par la charité avec laquelle vous aimez Dieu et votre prochain, et en laquelle nous sommes tous frères en Jésus Christ; nous vous prions, puisque c'est une œuvre sainte de prier pour les défunts, afin d'obtenir la rémission de leurs péchés; nous vous conjurons de vouloir bien prier pour lui et pour nos frères et sœurs et bienfaiteurs, et ne pas les oublier dans toutes vos messes, vos prières et vos psaumes, afin qu'ayant obtenu du Dieu de miséricorde la rémission de ses péchés, il puisse le rejoindre et jouir de la vue de Notre-Seigneur pour l'éternité; car aucun mortel et même l'enfant dont la vie n'est que d'un moment ne peuvent vivre sans péché. La charité engendre l'abondance des prières. Nous vous promettons, en retour, de prier pour tous vos frères défunts, toutes les fois que vous nous en requerrez.

Enfin, nous supplions votre révérence de vouloir bien pourvoir aux besoins du porteur de ce rouleau, pour qu'il puisse mener son œuvre à bonne fin. Il se nomme Roger; le défunt l'avait élevé dès son enfance, et pour récompense de ses peines en allant par toutes les églises engager à prier pour lui, nous lui avons promis de le nourrir le reste de ses jours.

Nous vous prions également de vouloir bien marquer au bas de votre réponse, sur le rouleau, le jour que le porteur sera arrivé chez vous. Que Dieu vous donne une ample récompense de cette bonne œuvre et de tant d'autres qu'il vous inspire par Notre-Seigneur Jésus-Christ, qui connaît et juge le fond des cœurs, qui vit et vivra dans les siècles des siècles, et jugera le siècle par le feu. Ainsi soit-il.

Une particularité assez curieuse de cette encyclique, c'est qu'elle donne même, comme on vient de le voir, le nom du porte-rouleau, et que, pour attirer sur lui l'intérêt général, la communauté prend soin d'attester qu'il est un pauvre orphelin recueilli dès l'enfance par l'illustre guerrier et élevé à ses frais. Il y a donc tout lieu de supposer que ce Roger était un ancien serviteur attaché à la personne de des Barres, qui l'avait suivi dans ses campagnes et était par conséquent à même de fournir de curieux détails sur la vie de son maître à ceux qui voudraient le questionner. Il n'était sûrement plus guère capable de travailler, puisque pour prix de cette dernière mission on lui assurait un asile au couvent et du pain pour le reste de ses jours; sa fidélité éprouvée était d'ailleurs un garant du zèle qu'il apporterait à ce pieux message, qu'il mit quatre mois à accomplir.

D'après l'ordre observé dans l'inscription des titres ou plutôt dans l'assemblage des feuillets cousus, il semblait impossible de donner exactement l'itinéraire du porte-rouleau. En effet, parti de Meaux le jour de l'invention de la Sainte-Croix (3 mai), dix jours après la mort de son maître, il commence par visiter dans le pays Mulcien, Chambrefontaine, Juilly, Dammartin et ensuite Lagny. On se demandait donc si c'est l'abbaye de Lagny-sur-Marne ou l'église de Lagny-le-Sec, et de prime abord on inclinait pour cette dernière localité, puisqu'elle se trouve dans la direction de Senlis, qui venait sur le feuillet suivant; mais la date du passage à Senlis mentionnant déjà le mardi d'avant la fête de la Madeleine (22 juillet), on ne pouvait s'expliquer comment le porte-rouleau avait mis près de trois mois pour se rendre directement de Meaux à Senlis; on s'étonnait de le rencontrer encore beaucoup plus tard dans la même ville, achevant d'y visiter d'autres établissements religieux. Évidemment, il y avait là une erreur d'assemblage, mais comment reconnaître le feuillet qui devait être rétabli à cette place? Même avec le monument original sous les yeux, on ne pouvait se guider que par le rapprochement des lieux et la comparaison des dates. Pour se rendre compte de cette transposition, il était indispensable de dresser une copie figurée, indiquant exactement tous les endroits où passe une couture d'assemblage aussi bien au verso qu'au recto, afin d'y avoir toujours égard dans l'essai de remaniement des feuillets. Ce n'est qu'*à tergo*, au quatrième feuillet, que nous avons remarqué les titres de Pomponne et de Chelles, où le messager fait acte de présence le jour de Saint-Jean-Porte-Latine (6 mai), par conséquent trois jours après son départ de Meaux, trajet tout naturel d'après le léger détour qu'avait fait notre piéton. En retournant tous les feuillets du rouleau sens dessus dessous à partir de cet endroit, non-seulement une date dont la mention commençait au feuillet précédent a recouvré le complément de sa seconde ligne, mais encore, au verso, tous les établissements religieux de Senlis se sont trouvés réunis d'une seule teneur. Partout les positions géographiques se relient maintenant entre elles, et l'ordre chronologique est rétabli (1). Outre cela, la lacune des cinq feuillets blancs, qui formait une interruption inexplicable au milieu de l'itinéraire, a disparu tout naturellement et se trouve reportée à la fin du rouleau, au terme du voyage, alors qu'on a renoncé à recueillir de nouveaux titres pour achever de les remplir.

Notre restitution satisfait donc à toutes les exigences, et elle nous permet de suivre jusqu'au bout l'itinéraire du porte-rouleau, qui, après avoir passé par Chelles, Gournay et Malnoue, fait son entrée dans Paris par le faubourg Saint-Antoine, poursuit sa tournée consciencieuse dans

---

(1) Saint-Benoît-sur-Loire et Cerfroid sont les deux seuls titres dont l'intercalation est évidente

les différents quartiers de la capitale, où il recueille douze titres; il en sort pour se rendre dans les environs d'Étampes, revient à Corbeil, où il se trouve le jour de l'Ascension; de là, passant par Melun, il va à Sens, où il récolte onze titres sans sortir de la ville, puis remonte dans la Brie par Chaumes, Pont-aux-Dames et le prieuré de Saint-Fiacre, près de Meaux. Je ne répondrais pas qu'en passant si près de son couvent, il ne soit pas allé y prendre un peu de repos et y renouveler son petit bagage de pèlerin. Ensuite il pousse jusqu'à Jouarre, gagne Compiègne, s'engage dans la Picardie, et, remontant jusqu'à Boulogne-sur-Mer, revient par Abbeville et Amiens, entre dans le Beauvoisis, parcourt encore les environs de Paris, Montmartre et Saint-Denis, passe par le Vexin pour se rendre en Normandie jusqu'à Rouen, revient par la Beauce et le pays Chartrain, s'arrête à Châteaudun, à Vendôme et à Blois (1), fait une apparition dans le Maine, à l'abbaye de Saint-Calais, explore les environs d'Orléans et rentre dans le diocèse de Sens par les doyennés de Ferrières et de Courtenay, parcourt tout le Gâtinais et une partie de l'Ile-de-France, les abbayes du Jard, d'Hyères et de Saint-Maur-des-Fossés. Il est encore présumable qu'avant de remonter dans le Valois le messager fit une pause dans son couvent, car ensuite il parcourt le Soissonnais, va à Laon, rentre dans le nord de la Brie, aux environs de Château-Thierry, se dirige vers Provins, descend ensuite dans la Bourgogne par Tonnerre jusqu'à Semur en Auxois, revient par Auxerre, passe à Troyes, et termine ses excursions par Faremoutiers, La Celle et Crécy en Brie. Il résulte de la date de son passage à Nogent, qui eut lieu le jour de la Saint-Barthélemy (24 août), que son voyage dura quatre mois.

Le nombre des titres inscrits s'élève à deux cent trois. Quelques-uns se distinguent par une majuscule ornée ou une initiale peinte en rouge; d'autres sont calligraphiés en très-gros caractères. L'abbaye Saint-Père-de-Melun et celle de Cercanceaux se sont passé cette prétentieuse fantaisie, qui était alors à la mode, car elle n'a pas échappé à l'observation satirique d'un poëte contemporain : Baudric de Bourgueil y fait allusion en parlant de l'usage des rouleaux mortuaires.

> .... Breviter loca subtitulate
> Ne calamus vehemens pariat dispendia carte (2).

« Inscrivez le titre de votre localité en petits caractères pour que les emportements de votre plume n'augmentent pas les frais de parchemin. »

Plusieurs églises, particulièrement celles qui avaient éprouvé la bienfaisance du chevalier, se sont fait un devoir d'inscrire à sa louange quelques vers léonins qui, comme on sait, doivent rimer deux à deux ou avec la césure du second pied (3).

Enfin, à l'abbaye de Fontenay d'Orléans, un artiste habile, sans doute un de ces moines miniaturistes qui s'exerçaient à l'illustration des manuscrits, a payé le tribut d'hommage à Guillaume des Barres en traçant de souvenir ses traits et sa tournure sur le parchemin en circulation.

---

(1) A la fin de sa traduction de l'encyclique, M. Cherrier prétend que le rouleau fut porté de Blois à Angoulême, mais nous n'avons pu reconnaître sur quel mot latin il appuyait cette fausse interprétation, quand il est facile de se convaincre que ce rouleau n'est pas même entré en Touraine.

(2) Duchesne, *Scriptorum Francorum*, t. IV, p. 251.

(3) Voir les titres inscrits sous les n⁰ˢ 1, 36, 92, 111, 112 et 124.

Ce croquis assez vif, quoique jeté à la plume, a beaucoup de style, est plein de grâce et de noblesse. Le chevalier est représenté en costume de guerre : tête nue, le visage encadré de longs cheveux bouclés, avec la capeline de mailles rejetée sur les épaules, mais tout le reste du corps est entièrement maillé. Ce chef de milice porte par-dessus le haubert une longue cotte d'armes descendant jusqu'à la cheville. A son ceinturon, retenu sur la hanche droite, est suspendue son épée avec son bouclier de forme allongée et pointu par la base; le chevalier s'appuie en outre de la main droite sur sa lance, dont la hampe est rehaussée de vermillon. Ce sont cette lance et ce bouclier historiques qui ont été chantés par Guillaume Le Breton dans la *Philippide* :

Armigeri spoliat clypeo latus, et rapit hastam.

Les pommettes de ses joues sont aussi animées d'une légère pointe de laque.

Le cylindre sur lequel s'enroule cette longue suite de parchemins est en bois de poirier, façonné au tour; il est muni de deux rondelles dont le diamètre et l'espacement correspondent exactement à l'épaisseur et à la largeur du rôle; les deux bouts se terminent par une moulure en forme de gorge, pour y fixer la courroie que le porteur passait à son cou ou en sautoir à la manière des pèlerins; nous en donnons ici le dessin. On y remarque encore quelques traces de polychromie; les moulures terminales sont teintes en rouge, et une bande noire est tracée sur la partie externe des rondelles.

§ IV

INDICATION DES TITRES FUNÈBRES.

TEXTE.	TRADUCTION.
1. Titulus Sancte Marie et beati Stephani Meldensis.	Titre de Notre-Dame et Saint-Étienne de Meaux.

Milicie florem pro W° statureque decorem
Meldis tutorem plene virtutis honorem
Exemplar decorum lucensque sub egide morum
Plangimus optantes huic semper regna polorum.
Anima ejus et anime fidelium defunctorum requiescant in pace. Amen.
Oravimus pro eo, orate pro nobis. Actum anno domini m° cc° tricesimo tertio, die Inventionis sancte crucis.

Nous pleurons dans Guillaume la fleur de la vertu militaire ; il avait une si belle prestance ! Meaux perd un défenseur accompli dont le courage faisait sa gloire C'était un beau modèle à suivre si brillant par la pureté des mœurs. Nous faisons des vœux pour qu'il jouisse éternellement du royaume des cieux.
Que son âme et celle des fidèles défunts reposent en paix. Ainsi soit-il. Nous avons prié pour lui, priez aussi pour nous. Fait en 1233, le jour de l'Invention de la sainte croix (3 mai).

2. id. Beate Marie de Chagia Meld.	Titre de Notre-Dame de Chaage de Meaux.
3. id. Sancte crucis Sanctique Pharonis Meld.	Abbaye Ste-Croix et S.-Pharon ibid.
4. id. Sancte Celinie Meld.	Sainte-Céline ibid.
5. id. Fratrum minorum Meld. (1).	Les Frères Mineurs. ibid.
6 id. Ecclesie Beate Marie Camere Fontis.	L'abbaye de Chambre-Fontaine.
7. id. Sancti Sepulcri.	Le Saint Sépulcre, près Montgé.
8. id. Beate Marie de Juliaco.	L'abbaye Notre-Dame de Juilly.
9. id. Beati Johannis Baptiste de Donno Martino.	Saint-Jean de Dammartin.

10. id. Sancti Petri Latiniacensis.
In die Sci Johis ante Portam Latinam fuit apud nos (rotuliger).

L'abbaye Saint-Pierre de Lagny.
Le porte-rouleau était chez nous le jour de Saint-Jean-Porte-Latine (6 mai).

11. Id. Sancti Benedicti Floriacensis.
Titulus iste delatus apud nos.....
(La fin de cette mention se trouve au verso du quatrième feuillet, ce qui fait qu'à partir de là les autres feuilles du Rouleau ont été cousues sens dessus-dessous. Outre cela, d'après l'écart de la localité et l'éloignement de la date, l'interpolation de ce titre est évidente.)
Vigilia Sci Martini que celebratur in mense julii.

Abbaye de Fleury ou Saint-Benoît-sur-Loire.

Ce titre a été apporté chez nous à la vigile de saint Martin, qui se fête au mois de juillet.

12. id. Sci Petri de Ponpona.
In die Sci Johis ante Portam Latinam fuit apud nos.

Pompone, prieuré simple, près Lagny.
Le jour de Saint-Jean-Porte-Latine, le rouleau était chez nous.

13. id. Sce Trinitatis et cauptivorum in honore Dei.

La Trinité ou Rédemption des captifs à Cerfroid (2).

14. id. Sce Marie Sceque Bathildis regine Kalensis ecclesie.
Extitit hic parma protectus fortis ad arma
Hostes vincebat et egentes semper alebat.
Die festo Sci Johannis ante Portam Latinam.

L'abbaye Notre-Dame et Sainte-Bathilde de Chelles (3).
Il n'est plus, le brave qui fut l'égide et l'abri dans le danger. Avec lui marchait la victoire, et les pauvres ne manquaient jamais de pain.
A la fête Saint-Jean-Porte-Latine (6 mai).

15. id. Be Marie de Gornaio.	Notre-Dame de Gournay.
16. id. id. de Nemore.	Sainte-Marie-aux-Bois (Footel ou Malnoue), abbaye du diocèse de Paris (commune d'Émerainville).

---

(1) La souscription des cordeliers de Meaux, que l'on voit figurer ici, prouve que ces religieux étaient établis en cette ville dès 1234 ; ce qui a donné lieu à Dom T. du Plessis de remarquer que l'inscription qui était sur leur cloître portait une fausse date, puisqu'elle n'indiquait leur arrivée à Meaux qu'en 1248 (*Histoire de Meaux*, t. I, p. 215).

(2) La situation de Cerfroid, entre Crouy-sur-Ourcq et la Ferté-Milon, démontre encore que ce titre a été intercalé et n'est pas inscrit à sa véritable place.

(3) L'abbesse de Chelles était alors Pétronille de Mareuil (lez Meaux), qui avait pu, par conséquent, apprécier par elle-même la charité de G. des Barres. Est-ce à elle qu'il faut attribuer les deux vers hexamètres qui accompagnent sa réponse ? Au moyen âge, dans les familles pieuses, une certaine teinture de latinité entrait souvent dans l'éducation des filles pour pouvoir suivre les offices de l'Église. Aussi faut-il pardonner à une bonne intention la faute de quantité qui se remarque dans le second vers.

17. Titulus Monasterii Sci Antonii Parisiensis.	Entrée dans Paris par le faubourg Saint-Antoine.
18. id. Be Katharine Paris. de ordine Vallis Scholarum.	Abbaye Sainte-Catherine du Val-des-Écoliers, O. S. A.
19. id. Sci Martini de Campis.	Abbaye Saint-Martin des Champs, O. S. B.
20. id. Be Marie Magdalene Filiarum Dei Paris.	Les Filles-Dieu.
21. id. Be Marie Paris.	Notre-Dame de Paris.
22. id. Sci Victoris Paris.	Abbaye Saint-Victor, O. S. B.
23. id. Sci Jacobi Fratrum Predicatorum Par.	Les Jacobins (rue Saint-Jacques).
24. id. Fratrum Minorum Parisiensium.	Les Cordeliers.
25. id. Be Genovefe Par.	L'abbaye Sainte-Geneviève, O. S. A.
26. id. Sci Germani de Pratis Par.	L'abbaye Saint-Germain des Prés, O. S. B.
27. id. Sci Eligii Par.	Saint-Éloi (dans la Cité).
28. id. Bi Maglorii Parisiensis.	Saint-Magloire, O. S. B. (rue Saint-Martin).
29. id. Be Marie de Longo Ponte.	Abbaye Notre-Dame de Longpont, O. S. B. (diocèse de Paris).
30. id. Fratrum Minorum de Stampis.	Les Frères Mineurs, à Étampes.
31. id. Sce Trinitatis Maurigniaci.	Morigny, O. S. B., dioc. de Sens, doyenné d'Étampes.
32. id. Be Marie de Vilers.	Villiers.

32. id. Be Marie de Vilers.
In vigilia ascensionis Dni.
La veille de l'Ascension de Notre-Seigneur.

33. id. id. de Feritate Aales. — La Ferté-Alais.

Guillermus tutor Feritatis juris amator
Vir bello fortis intravit limina mortis
Ad te clamamus, Deus, unanimesque rogamus
Per noctem requiem des sibi perque diem.

Guillaume, le défenseur de la Ferté, le belliqueux, le fort Guillaume, a touché le seuil de la mort.
Mon Dieu, nous nous réunissons tous pour vous prier et vous supplier de lui accorder le repos éternel.

In vigilia ascensionis Domini fuit rotulus apud nos.
Ce rouleau était chez nous à la Vigile de l'Ascension de Notre-Seigneur.

34. id. Be Marie de campis Corboliensis (1). — Notre-Dame de Corbeil.

Urbs cecidit fortis cum vivere desiit iste
Francorum portis signum lacrimabile triste
Apparans mortis cujus solamen habere
Vis posset vere Gaulorum turba chorortis
Hunc Deus in celis teneat et corde fidelis
Pro regno micuit chacholicusque fuit.

La mort de ce brave équivaut à la perte d'une ville forte. Aux portes de la France apparut un signe lamentable de tristesse à la nouvelle de cette mort, dont l'armée tout entière des Français aura peine à se consoler. Que Dieu admette au séjour des bienheureux celui qui s'est montré bon catholique et dont le cœur a été si fidèle pour obtenir la récompense du ciel.

In crastino Ascensionis Domini fuit rotulus iste in domo Be Marie de Campis.
Ce rouleau a été dans notre maison de Notre-Dame des Champs le lendemain de l'Ascension.

35. id. Johannis hospitalis de Corbolio.	La Commanderie S.-Jean de l'Hôpital de Corbeil.
36. id. Beati Petri Meledunensis.	Abbaye Saint-Pierre de Melun, O. S. B.
37. id. Be Marie Sancti Portus.	Abbaye de Barbeau ou de Saint-Port, O. C.

37. id. Be Marie Sancti Portus.
Die sabbato post Ascensionem Domini fuit apud nos roliger iste.
Le porte-rouleau était chez nous le samedi après l'Ascension.

38. id. Be Marie Calvimontis.	Notre-Dame de Chaumont, prieuré.
39. id. Sce Columbe Senonensis.	Abbaye Sainte-Colombe de Sens, O. S. B.
40. id. Sci Jacobi fratrum Predicatorum Senon.	Les Frères Prêcheurs, ibid.

40. id. Sci Jacobi fratrum Predicatorum Senon.
Die lune post Ascens. Dni.
Le lundi après l'Ascension.

41. id. Sci Remigii Senon.	Abbaye de Saint-Remy, O. S. B.
42. id. Fratrum Minorum Senonen.	Les Frères Mineurs de Sens.
43. id. Bi Johannis Senon.	Abbaye Saint-Jean, ibid. O. S. A.
44. id. Be Marie de Porta Sci Leonis Senon.	Notre-Dame de la Porte-S.-Léon, à Sens, prieuré.

44. id. Be Marie de Porta Sci Leonis Senon.
Die martis post Ascensionem Dni.
Le mardi après l'Ascension.

45. id. Sci Petri vivi Senon.	Abbaye Saint-Pierre-le-Vif, à Sens, O. S. B.
46. id. Sci Stephani Senon.	Saint-Étienne, cathédrale, ibid.

---

(1) Les pieuses libéralités de G. des Barres s'étaient aussi étendues sur la collégiale de Corbeil, à laquelle un des chanoines, surnommé Langevin, avait légué un cens de soixante sols assis sur le territoire de la Ferté-Alais; Des Barres, comme seigneur suzerain de cette châtellenie, confirma cette donation en 1207; en reconnaissance, le chapitre s'engagea à célébrer chaque année un service anniversaire pour son père, et plus tard pour lui-même (cartulaire manuscrit du XIIIe siècle, conservé dans les archives de la fabrique de Saint-Spire de Corbeil).

47. Titulus Sci Pauli Senon. *Guillermus patrie decus exemplum probitatis* *Et flos milicie persolvit debita fatis.*	Abbaye Saint-Paul, O. de Prémontré, à Sens. Guillaume, l'honneur de la patrie, ce modèle de probité, cette fleur de la milice, a payé son tribut au destin.
48. id. Sci Antonii Senon.	Abbaye Saint-Antoine, ibid.
49. id. Be Marie de Pomeria.	La Pommeraye, abbaye près Sens, O. S. B.
50. id. Be Marie Prulliaci.	Notre-Dame de Preully, O. de C. (près Égligny).
51. id. Bi Petri ecclesie Calmensis. *Die Jovis ante Pentecosten.*	Abbaye S.-Pierre de Chaumes, O. S. B. (dioc. Sens). Le jeudi avant la Pentecôte.
52. id. Be Marie de Ponte.	N.-D. de Pont-aux-Dames (abbaye, près Crécy).
53. id. Bi Fiacrii. *Feria sexta ante Pentecosten fuit apud nos.*	Saint-Fiacre, prieuré, près Meaux. La sixième férie avant la Pentecôte.
54. id. Sce Marie Jotrensis.	Abbaye de Jouarre, O. S. B. (diocèse de Meaux).
55. id. id. Columnancie.	Notre-Dame de Collinances, id. Meaux.
56. id. Fratrum Minorum de Compendio.	Les Frères Mineurs de Compiègne.
57. id. S. Cornelii de Compendio.	Abbaye Saint-Corneille de Compiègne, O. S. B. (diocèse de Soissons).
58. id. Sci Michaelis de Dullendio.	Saint-Michel de Doulens, O. S. B. ibid.
59. id. Sci Sulpicii.	Saint-Sulpice.
60. id. Be Marie Cari Campi.	Abbaye N.-D. de Cercamp, O. de C. (dioc. d'Amiens).
61. id. Sci Martini Hisdunensis. *Feria sexta in Pentecosten fuit rolliger vester apud nos.*	Saint-Martin d'Hesdin. La sixième férie de la Pentecôte.
62. id. Sci Georgii de Hisduno.	Saint-Georges d'Hesdin.
63. id. Be Marie de Falcoberga (1). *Milicie flos ecclesie clipeus fuit iste.*	Notre-Dame de Fauquembergue. Il fut la fleur de la milice et le bouclier de l'Église.
64. id. Sce Marie in Bolonia.	Notre-Dame de Boulogne-sur-Mer.
65. id. Sci Judoci supra Mare.	Saint-Josse-sur-Mer, O. S. B. (diocèse d'Amiens).
66. id. Sce Austreberte de Monsterolo.	Sainte-Austreberte de Montereuil, ibid.
67. id. Sci Salvii ibid.	Saint-Sauve, ibid.
68. id. Bi Petri in Abbatisvilla.	Saint-Pierre d'Abbeville.
69. id. Sce Marie Hyspanorum.	Notre-Dame d'Espagne, O. de C
70. id. id. Moralis Curie.	Notre-Dame de Moreaucourt (2).
71. id. id. de Gardo.	Notre-Dame du Gard, O. C. (près Amiens).
72. id. Sci Petri de Gaudiaco.	S.-Pierre à Gouy (3), cant. Picquigny, arr. Amiens.
73. id. Sci Johannis Ambianis. *Dominica post Trinitatem.*	Saint-Jean d'Amiens. Le dimanche après la Trinité.
74. id. Fratrum Minorum Ambianis commorancium. *Feria secunda post octabas Pentecostes.*	Les Frères Mineurs en résidence à Amiens. La deuxième férie après l'octave de la Pentecôte.
75. id. Sci Martini de Jumellis Ambianis.	Saint-Martin aux Jumeaux, O. S. A. (à Amiens).
76. id. Sce Marie de Ambianis.	Notre-Dame d'Amiens (cathédrale).
77. id. id. ad Paraclytum.	Le Paraclet près Amiens, abb. de femmes, O. de C.
78. id. id. Guaruntie.	Willencourt, O. de C. (diocèse d'Amiens).
79. id. Bi Quintini Belvacensis.	Saint-Quentin-lez-Beauvais, O. S. A.
80. id. SS. Martyrum Luciani, Maxiani et Juliaci Belvac.	SS.-Lucien, Maxien et Julien, martyrs, à Beauvais.

(1) L'église était crénelée ; la ville fut brûlée en 1398 par Renaud, comte de Boulogne, et saccagée en 1370 par les Anglais, sous les ordres de Robert Knolles (indication de localité que nous devons à l'obligeance de M. Cocheris, bibliothécaire de la Bibliothèque Mazarine).

(2) Abbaye ruinée située entre la Somme et la Chaussée Brunehaut, allant à Amiens, au nord de Bout-de-Ville, commune de Flixecourt, canton de Picquigny (*Indication que nous devons à M. Cocheris*).

(3) Prieuré de l'ordre de Saint-Benoît, qui avait pour patron l'abbaye de Saint-Germer. Enguerrand, évêque d'Amiens, en confirma les possessions en 1120, et le pape Alexandre III en 1178 (*Indication due à M. Cocheris*).

81. Titulus Fratrum Minorum Belvacen.	Les Cordeliers, à Beauvais.
82. id. Be Marie de Pentemont.	Notre-Dame de Pentemont, O. de C. ibid.
83. id. Sci Symphoriani Belvacensis.	Saint-Symphorien, ibid.
84. id. Be Marie de Fresmont.	Abbaye de Froidmont, près Beauvais, O. de C.
85. id. Si Lupi de Esceran.	Saint-Leu d'Esserans.
86. id Sce Marie de Regali-Monte.	Notre-Dame de Royaumont-sur-Oise, O. de C.
87. id. Bi Dyonisii Ariop⁵.	Abbaye de Saint-Denis l'aréopagite, près Paris.
88. id. Monialium de Monte-Martyrum.	Abbaye des religieuses de Montmartre, O. S. B.
89. id. Be Marie Alte Bruerie.	Hautes-Bruyères (diocèse de Chartres).
90. id. Sce Marie de Sarnaio.	Notre-Dame de Cernay, ibid.
91. id. Bi Petri de Nealpha veteri.	Neaufle-le-Vieux, O. S. B. ibid.
92. id. Fratrum Minorum Predicantium.	Les Frères Prêcheurs (sans indication de localité).
93. id. Sci Sulpicii de Guacicuria.	Saint-Sulpice de Guiencourt.
94. id. Be Marie Vernonis.	Notre-Dame de Vernon.
95. id. Fratrum Minorum Vernonis.	Les Cordeliers, ibid.
96. id. Boni Portus.	Bonport, O. de C. (diocèse d'Évreux.)
97. id. Fratrum Minorum Rothomagensium.	Les Cordeliers de Rouen.
98. id. Sci Audoeni Rothomag.	Saint-Ouen de Rouen, O. de S. B.
99. id. Sci Amandi Rothomagi.	S. Amand, ibid.
100. id. Be Marie Rothom.	Notre-Dame, ibid.

In festo SS. Gervasii et Prothasii. — A la fête de saint Gervais et de saint Protais (19 juin).

101. id. Sce Trinitatis Sceque Caterine de monte Rothom.	Sainte-Catherine du Mont, près Rouen.

Guillermus patrie decus exemplum probitatis
Et flos milicie persolvit debita fatis.

Vers copiés servilement sur le titre de l'abb. saint-Paul de Sens, nº 47.

102. id. Sci Taurini primi episcopi Ebroicen.	Saint-Taurin premier évêque, à Évreux.
103. id. Fratrum Minorum Ebroicensium.	Les Frères Mineurs, ibid.
104. id. Sce Trinitatis ibid.	La Sainte-Trinité, ibid.
105. id. Be Marie ibid.	Notre-Dame, ibid.
106. id. id. de Ybreio.	Yvry-la-Chaussée, abbaye d'hommes, O. S. B.
107. id. id. Grandis Campi.	Grand-Champ (diocèse d'Évreux).
108. id. id. de Colombis.	Colombs, O. S. B. (diocèse de Chartres).

In festo nativitatis Sci Johis Baptiste. — Le jour de la Nativité de saint Jean (24 juin).

109. id. id. de Josaphat Carnoten.	Abbaye de Josaphat, O. S. B. (à Chartres.)
110. id. Fratrum Minorum Carnot.	Les Cordeliers, ibid.
111. id. Fratrum Predicatorum ibid.	Les Frères Prêcheurs, ibid.
112. id. Sci Johannis de Valeia.	Saint-Jean-en-Vallée-lez-Chartres, abbaye, O. S. A.
113. id. Be Marie Carnotensis.	Notre-Dame de Chartres.
114. id. Sci Petri Carnoten.	Saint-Pierre, ibid.
115. id. Florentini et Hylarii Bonevall.	Bonneval - sur - le - Loyr. (Entre Châteaudun et Chartres.)
116. id. Marie Madelene de Castroduno.	Sainte-Marie-Madeleine de Châteaudun, O. S. A.
117. id. Sci Aviti ibid.	Saint-Avit, O. S. B. ibid. (diocèse de Chartres).
118. id. Sci Germani Aurelian.	Saint-Germain d'Orléans.
119. id. Sce Trinitatis Vendocinum.	Sainte-Trinité de Vendôme, O. S. B. (dioc. de Blois).

Orate pro fondatoribus nostris scilicet Gaufrido, pro Agnete et pro Fulcone comitibus Andegavensibus et pro fratribus nostris hoc anno defunctis scilicet pro Giraudo, pro Johanne, pro Petro, pro Willermo, pro Helia episcopo, pro Menardo, pro Rad...(ulpho), et pro Mabilia famili(ari).

Priez pour nos fondateurs, savoir : pour Geoffroy, Agnès et Fulcon, comtes d'Anjou, et pour nos frères morts dans l'année, assavoir : Giraud, Jean, Pierre, Robert, Guillaume; pour Hélie, notre évêque; pour Ménard, Raoul, et pour Mabile, qui était à notre service.

Vigilia apostolorum Petri et Pauli. — A la vigile de la fête Saint-Pierre et Saint-Paul (28 juin).

120. id. Fratrum Minorum ibid.	Les Frères Mineurs, ibid.
121. id. id. Blesis.	Les Cordeliers de Blois.

122. Titulus Sce Marie Blesis.
123. id. S. Launomari.
124. id. Be Marie de Balgenciaco.
125. id. S. Lyphardi Metedun.
126. id. Be Marie Ospicii.
127. id. Sce Marie de Fonteneto.

Willermus de Barris.

Notre-Dame de Blois (ou Bourg-Moyen).
Saint-Laumer (diocèse de Chartres).
Notre-Dame de Beaugency.
Saint-Lyphard de Meun (diocèse d'Orléans).
Notre-Dame de l'Hospice   (ibid.).
Notre-Dame de Fontenay   (ibid.).

Guillaume des Barres, représenté en pied, en costume de guerre.

Cl. PICDOT Sgrav. GRERY

Quesumus, alme Deus, ne sit in fine Wilmus,
Gaudeat in celis ubi gaudet turba fidelis.

Nous vous supplions, Dieu de miséricorde, d'accorder à Guillaume de partager l'éternelle joie que goûte l'assemblée de vos fidèles élus.

128. id. Fratrum minorum Aurelian.
129. id. Beati Evurcii Aurelian.

Les Cordeliers d'Orléans.
Sainte-Euverte, d'Orléans.

Ici la tête du défunt a été tracée à la plume, mais par la main inhabile d'un jeune clerc qui cherchait à copier le dessin précédent.

7

130. Titulus Sce Marie de Karilei. — Abbaye de Saint-Calais du Désert, dans le Maine.

131. id. id. de Karitate. — Notre-Dame de la Charité, O. S. B.

132. id. id. de Pratis — Notre-Dame des Prés.

133. id. Sce Crucis Aureliac. — Sainte-Croix d'Orléans.

134. id. Sci Petri de Boniaco. — Saint-Pierre de Bonzy.

135. id. Fontis-Joannis. — Fontaine-Jean, abbaye (diocèse de Sens).

136. id. Sce Marie de Eschallis. — Les Echarlis, abb. O. de C., dioc. de Sens, doyenné de Courtenay.

A TERGO :

137. Titulus Be Marie Herivallis. — Notre-Dame d'Herivaux (diocèse de Beauvais).

(Titre inscrit derrière la vignette, et par conséquent intercalé hors de son rang.)

138. id. Sci Petri Curtiniaci. — Saint-Pierre-de-Courtenay, prieuré en Gâtinais (dioc. de Sens).

Quarto nonas julii apud sanctam Mariam de Karilefo obiit Stephanus prior. — Le quatrième jour des nones de juillet, Etienne, prieur de ce lieu, est mort à l'abbaye de Notre-Dame-de-Saint-Calais.

139. id. Be Marie de Roseto. — Abbaye Notre-Dame de Rosoy (dite Villechasson), dioc. de Sens, près Moret.

Datum die in vigilia Sci Severini abbatis. — Donné la veille de la fête de saint Severin, abbé.

140. id. Bi Petri Ferrariensis. — Abbaye Saint-Pierre de Ferrières, O. S. M. (dioc. de Sens).

141. id. Sce Marie de Sacra Cella. — Abbaye Notre-Dame de Cercanceaux, O. de C. (dioc. de Sens.)

In festo sci Severini et septem Dormantium. — A la fête de saint Severin et des Sept-Dormants.

142. id. Petri et Pauli Neronis Ville. — Neronville, près Châteaulandon.

143. id. Sci Severini Castri Nantonis. — Saint-Severin de Châteaulandon, abb. O. S. A.

144. id. Bi Johannis de Nemosio. — Saint-Jean de Nemours.

145. id. Be Marie de Nemosio. — Notre-Dame de Nemours.

Octava die translacionis sci Martini. — Le jour de l'octave de la Translation de saint Martin.

146. id. id. de Gressio. — Notre-Dame de Grez, canton de Nemours.

147. id. Sci Johannis de Jardo. — Saint-Jean du Jard, abb. O. S. A., près Melun. (dioc. de Sens).

Die martis post festum septem fratrum. — Le mardi après la fête des Sept-Frères (10 juillet).

148. id. Sce Marie de Hera. — Notre-Dame d'Hyères, O. S. B. (dioc. de Paris.)

Fuit apud nos rotulus iste die Mercurii post festum sci Benedicti abbatis. — Ce rouleau a été apporté chez nous le mercredi après la fête de saint Benoît, abbé.

149. id. Sci Petri Fossatorum. — Abbaye Saint-Pierre-des-Fossés, à Saint-Maur, près Paris.

150. id. Sci Thome de Lupa. — Saint-Thomas du Louvre.

151 id. Sce Marie de Valle. — Abbaye Notre-Dame du Val. (dioc. de Paris).

152. id. Sci Remigii Silvanectensis. — Saint-Remy de Senlis.

153. id. Sci Vincentii ibid — S.-Vincent, ibid.

154. id. Be Marie ibid. — Notre-Dame, ibid.

155. id. Fratrum Minorum peregrinancium apud Silvanectum. — Les Frères Mineurs établis à Senlis.

Die Martis prima ante festum beate Marie Magdalene fuit rotulus iste apud nos. — Ce rouleau a été apporté chez nous le premier mardi avant la fête de la Madeleine (qui tombe le 22 juillet).

156. id. Sci Reguli Silvanectensis. — Saint-Rieul de Senlis.

157. id. Sci Frambaldi ibid. — S.-Frambourg ibid.

158. id. Bi Nicholai ibid. — S.-Nicolas ibid.

159. id. Be Marie de Victoria. — N.-D. de la Victoire, abb. O. S. A., près Senlis.

160. id. id. de Parcho. — Abbaye du Parc-aux-Dames.

161. id. Sci Arnulphi de Crispeio. — Saint-Arnoulf, à Crespy-en-Valois, O. S. B.

162. id. Sci Thome ibid. — Saint-Thomas, ibid.

163. id. Be Marie Mornevallis. — Morienval, abb. O. S. B. (diocèse de Soissons).

164. Titulus Be Marie Loci Restaurati.	Lieu Restauré, abb. (dioc. de Soissons).
165. id. id. Longi Prati.	Longpré.
In vigilia be Marie Magdalene.	La veille de la fête Sainte-Madeleine (21 juillet).
166. id. id. Ursicampi.	Notre-Dame d'Ourscamp (diocèse de Noyon).
167. id. Fratrum Minorum apud Noviom.	Les Cordeliers, à Noyon.
168. id. Bi Bartholomei Noviom.	S.-Barthélemy, ibid.
In crastino Marie Magdalene.	Le lendemain de la Sainte-Madeleine (23 juillet).
169. id. Ecclesie Bi Eligii Noviom.	L'église S.-Éloi, ibid.
170. id. Be Marie de Sci Eligii Fonte.	Saint-Éloy-Fontaine (diocèse de Noyon).
171. id. id. Sanctique Martini Laudunensis.	Saint-Martin de Laon.
172. id. Vincenti Laudunensis.	Saint-Vincent ibid.
173. id. Be Marie ibid.	Notre-Dame ibid.
174 id. Sci Nicholai in Bosco.	Saint-Nicolas-aux-Bois (diocèse de Laon).
175. id. Be Marie Suessonensis.	Notre-Dame de Soissons.
176. id. Bi Medardi ibid.	Saint-Médard ibid.
177. id. Borum Martyrum Crispini et Crispani Majorum Suess.	S.-Crépin-le-Grand ibid.
178. id. Johannis in Vineis ibid.	S.-Jean des Vignes ibid.
179. id. Sce Marie Longipontis.	N.-D. de Longpont ibid.
Vivas in celis Guillerme, decore fidelis, Quondam Francorum dux ac defensor eorum.	Glorieux Guillaume, vis dans les cieux, toi qui guidais les Français et étais leur défenseur.
180. id. Minorum Fratrum Suess.	Les Cordeliers de Soissons.
In quarta feria post festum beatorum Jacobi et Xristophori.	A la quatrième férie après la fête de saint Jacques et de saint Christophe (25 juillet).
181. id. Sce Marie Charmi.	Le Charme-aux-Nonains (diocèse de Soissons).
182. id. Vallis Secrete.	Val-Secret sur la Marne, O. de Prémontré (dioc. de Soissons), près Château-Thierry.
183. id. Sci Ferroli Sosmensis.	Saint Ferréol d'Essomes (diocèse de Soissons).
184. id. Petri et Pauli Cazien.	Chésy (ou Chezy), O. S. B. (diocèse de Soissons).
185. id. Petri et Pauli Sci Agili Resbac (ensis).	S.-Pierre, S.-Paul et S.-Aile de Rebais, O. S. B. (diocèse de Meaux).
Oravimus pro ipso cotidie orent pro nobis qui legant titulum istum.	Nous avons prié pour lui ; que ceux qui lisent ce titre prient chaque fois pour nous.
Sabbato ante festum Bi Petri ad vincula.	Le samedi avant la fête Saint-Pierre-ès-Liens (1er août).

Ce titre est le seul écrit en rouge pour attirer davantage l'œil du lecteur, sans doute dans une pieuse intention, ainsi que le décèle la réclame.

186. id. Sci Petri de Choisiaco.	Choisy en Brie, canton de La Ferté-Gaucher.
187. id. Sce Marie Joiaci.	Abbaye de Jouy, O. de C. (dioc. de Sens), commune de Chenoise, arrondissement de Provins.
188. id. Ecclesie Sci Jacobi Pruvinensis.	Saint-Jacques de Provins, abb. O. S. A.
189. id. Fratrum Minorum de Pruvino.	Les Cordeliers de Provins.
190. id. Bi Aygulphi de Pruvino.	Saint-Ayoul ibid.
In invencione sci Stephani prothomartyris.	Le jour de l'Invention de saint Etienne premier martyr (3 août).
191. id. Sci Michaelis Tornodor (ensis).	S.-Michel de Tonnerre, O. S. B. (dioc. de Langres).
192. id. SS. Apostolorum Petri et Pauli et Bi Valerii Matris ecclesie Meludnis.	Saint-Valier de Moléme (Melunda, Melundensis) en Champagne, près de Tonnerre.
Vigilia beati Laurencii.	La veille de Saint-Laurent (9 août).
193. id. Be Marie Quiniaci.	Quinçay ou Quincy, O. S. B. (dioc. de Langres).
Diximus De profundis et Pater noster.	Nous avons dit pour lui un De profundis et un Pater.
194. id. SS. Apostol. Petri et Pauli Scique Pretecti Martyris Ecclesie Flavign (iacensis.)	Flavigny, près Dijon, O. S. M.
195. id. Sce Marie de Sarmaria.	Notre-Dame de Semur.
Impia mors rapuit animam crudeliter hujus Guillermi cujus vita beata fuit.	La mort inexorable a enlevé cruellement l'âme de ce Guillaume dont la vie fut si heureuse.
196. id. Be Marie Sci Muri.	Notre-Dame de Semur-en-Auxois.

197. Titulus Be Marie de Valle Crescentis.	Le Val-Croissant.
198. id. Sci Nicholai... (Le nom de localité est oublié.)	Saint-Nicolas de...
199. id. Be Marie et Bi Lazari de Avalone. *Presbiteri ejusdem ecclesie concederunt ei unam collectam in missa pro defunctis.*	Notre-Dame et Saint-Lazare d'Avalon. *Les prêtres de cette église ont dit pour le défunt une collecte à une messe des morts.*
200. id. id. Scique Johannis Reomensis. *Concessimus ei unum officium in conventu cristino Assumptionis.*	Moutier-Saint-Jean, O. S. M. (dioc. de Langres). *Nous lui avons accordé un office dans notre couvent le lendemain de l'Assomption (16 août).*
201. id. Fratrum Minorum de Castillione.	Les Cordeliers de Châtillon. (dioc. de Langres).
202. id. Be Marie de Castillione.	Notre-Dame ibid.
203. id. Petri et Pauli Scique Eusebii Martiris Pulteriarum.	S.-Pierre, S.-Paul et S.-Eusèbe de Poutières (où est le tombeau de S. Guillaume de Roussillon...
204. id. Be Marie Molsmen. *Concessimus anime ejus esse participem omnium beneficiorum que de certo fient in ecclesia nostra.*	N.-D. de Molême, O. S. B. (diocèse de Langres.) *Nous accordons à son âme part à tous les bénéfices de prières qui ne peuvent manquer de se faire en notre église.*
205. id. Sci Petri de Cella.	La Celle, près Troyes.
206. id. Be Marie Trecensis.	Notre-Dame de Troyes.
207. id. Sce Marie Foisseiaci (1). *Die dominico octavas sce Marie.*	Notre-Dame de Foissy. *Le dimanche dans l'octave de l'Assomption.*
208. id. Sci Salvatoris (2) in ecclesia Bi Petri Trecensis.	A l'autel Saint Sauveur dans l'église Saint-Pierre de Troyes.
209. id. Sci Stephani Trecen.	Saint-Étienne ibid.
210. id. Bi Martini Trecen.	Saint-Martin ibid.
211. id. Fratrum Predicatorum Trecensium.	Les Frères Prêcheurs ibid.
212. id. Fratrum Minorum ibid. *In crastino octavarum Assumptionis be Marie.*	Les Cordeliers ibid. *Le lendemain de l'octave de l'Assomption*
213. id. Paracliti juxta Nogentum. *In festo Bartholomei fuit roliger apud nos.*	Le Paraclet, près Nogent, femmes O. S. B. *Le porte-rouleau était chez nous le jour de la Saint-Barthélemy (24 août).*
214. id. Be Marie Faremonasterii.	Abbaye de Faremoutiers, Bénédictines.
215. id. Sci Petri Celle Briensis.	Prieuré de la Celle-en-Brie.
216. id. Sci Martini justa Creciaco (3). *Die sabbatis post festum sci Bartholomei apostoli.*	Saint-Martin-Lez-Voullangis, prieuré près Crécy. *Le samedi après la fête de saint Barthélemy, apôtre.*

---

(1) M. d'Arbois de Jubainville, le savant archiviste de l'Aube, a l'obligeance de m'apprendre que Foicy était, avant la Révolution, un prieuré de l'ordre de Fontevrault; c'est aujourd'hui une ferme de la commune de Saint-Parres-les-Tertres.

(2) Saint-Sauveur était une chapellenie de la cathédrale de Troyes.

(3) Ce prieuré, qui était à la collation du prieur de Saint-Martin-des-Champs de Paris, jouissait alors de dîmes importantes à Oissery et à Forfry; au mois d'août 1222, Guillaume des Barres les avait prises à bail emphytéotique, à la charge de payer douze muids annuels pendant sa vie au prieur de Saint-Martin-lez-Crécy. (Voir aux Archives de l'Empire, L, 1442, n° 42, les lettres originales auxquelles sont appendus le sceau et le contre-sceau du célèbre personnage. Nous les avons publiés en 1850 dans le XXe volume des *Mémoires de la Société des Antiquaires de France*.)

SÉPULTURE

DE

GUILLAUME DES BARRES

Les religieuses du prieuré de Fontaines témoignèrent en outre de leur reconnaissance et de leur vénération en faisant inhumer la dépouille mortelle de Guillaume des Barres dans le chœur de leur église, sous la clef de la voûte, place d'honneur exclusivement réservée aux fondateurs. Nous avons vu dans l'encyclique en quels termes énergiques elles font éclater leurs regrets et exaltent les bienfaits du chevalier, sans cependant entrer dans aucun détail; mais leur cartulaire nous a conservé la copie d'une bulle de 1215, par laquelle Robert, cardinal légat en France, accorde soixante jours d'indulgence à ceux qui contribueront par leurs aumônes à rétablir l'église et les lieux claustraux de Fontaines (1). Cette charte fait voir que ce prieuré était déjà en ruine au bout de quatre-vingt-dix ans d'existence, par incendie, guerres ou autrement, puisqu'il avait besoin de secours pour vivre, quoique ayant été bien doté. De ce qui précède il résulte donc évidemment que cette restauration est due tout entière à la munificence de des Barres : on ne connaît pas d'autre bienfaiteur qui y ait contribué, et c'est précisément à cette époque que le donataire vint se retirer à Fontaines près de sa fille et de sa sœur.

Sur le tombeau, élevé de terre d'environ o m. 80 c., était couchée la statue du défunt, les mains jointes, la tête nue reposant sur un carreau soutenu par deux anges; rien dans le costume ne rappelle le guerrier du XIIᵉ siècle : c'est le religieux de Fontevrault, vêtu d'une tunique à manches étroites descendant jusqu'à mi-jambes, fermée sur la poitrine par une fibule de forme circulaire, et serrée à la taille par la ceinture de cuir à laquelle est simplement suspendue une aumônière, comme pour faire allusion à ses pieuses fondations. Sur ses épaules est posé le manteau ouvert, et ses pieds, qui écrasent la tête d'un lion symbolique, sont chaussés de sandales découpées en forme de languette sur le cou-de-pied.

Il est bien à regretter qu'on n'ait pas encore sauvé d'une complète destruction la statue originale, que nous avons retrouvée, il y a quelques années, servant ignominieusement de borne au coin d'une ruelle conduisant au moulin de Fontaines : elle mériterait d'être recueillie, restaurée, et de figurer au musée de l'arrondissement, car elle offre une effigie authentique du célèbre personnage (2). Bien que l'absence du nez soit une mutilation des plus graves, la restauration pourrait en être faite avec toute autorité; en effet, le profil de la miniature de l'encyclique porte un caractère d'individualité tout à fait remarquable, et de la sorte ces deux précieux monuments d'iconographie du XIIIᵉ siècle pourraient se contrôler l'un par l'autre.

Du reste, il existe une reproduction de cette sculpture, alors qu'elle était encore intacte, dans un volume de la collection Gaignières qui manque à la bibliothèque Bodléienne d'Oxford; grâce à la parfaite obligeance de M. Albert Lenoir, qui en est l'heureux possesseur, nous aurions pu en donner ici un fac-simile très-fidèle quant au costume de la principale figure, mais tellement inexact dans les accessoires que je soupçonne fort le dessinateur de les avoir exécutés de pratique; le caractère de la tête n'est pas rendu; on ne reconnaît ni le mouvement des anges, ni l'agencement de leurs draperies; le lion même, que la pierre nous montre la tête violemment écrasée sous le pied du héros, figure là piteusement accroupi. Une interprétation si mal comprise nous a fait donner la préférence à l'original, tout fruste et tout mutilé qu'il est.

D'après le cartulaire de 1788, la communauté ne possédait plus alors, des dons en biens-fonds faits par des Barres, que les sept muids et demi de grains sur la dîme de Fortry, donation dont elle jouissait depuis 1182. Le monument funéraire qu'elle avait fait élever sur la tombe du guerrier

---

(1) .... Quatenus reparationi ecclesie bea e Marie de Fontanis et Fontis Ebraudi ordinis ibidem deo servientium sustentationi et murorum edificationi. (*Archives de Seine-et-Marne*, H. 492, p. 1.)

(1) Au moment de mettre sous presse, nous apprenons que le monument funéraire de des Barres vient d'être recueilli par M. Aubry; le nouvel acquéreur du domaine de Fontaines aurait, paraît-il, l'intention de rétablir cette curieuse statue dans l'ancienne chapelle du monastère, dont il a déjà entrepris la restauration. Applaudissons à cette bonne pensée, qui lui a sans doute été inspirée par le savant académicien M. Vitet, son beau-frère.

était, paraît-il, toujours resté sous la lampe du sanctuaire jusqu'à cette époque, où les travaux de parquetage du chœur amenèrent sa translation dans l'église du dehors. L'administrateur ajoute qu'on retrouva même le cercueil de plomb dans les excavations que nécessita la pose de ce parquet. Cette relégation peu édifiante est un acte d'ingratitude inqualifiable de la part de religieuses qui, après plus de six cents ans, profitaient encore des libéralités de ce bienfaiteur, et, sans l'attestation de l'abbé Cherrier, nous n'aurions cru pouvoir attribuer un pareil procédé qu'aux excès révolutionnaires de 1793.

853 — Paris imprimerie JOUAUST, 338, rue Saint-Honoré.